大腦最適學習法

日本腦科學權威教你
用視覺╳聽覺╳觸覺，激發高效潛能

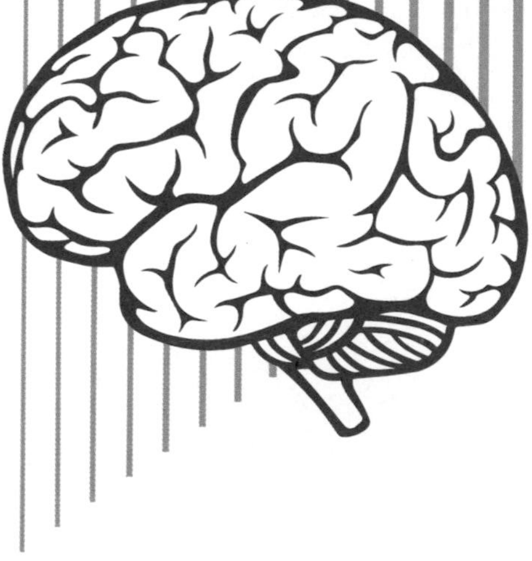

小沼勢矢 著
沈俊傑 譯

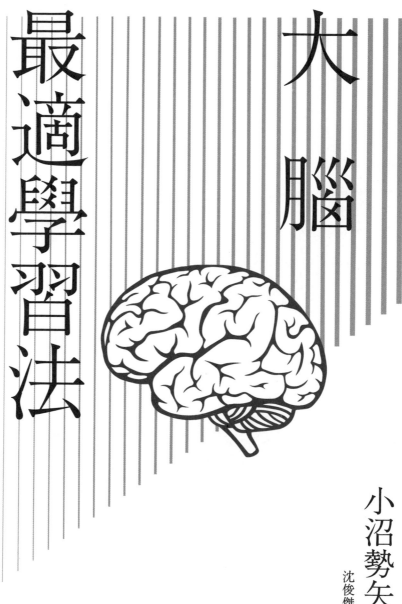

Contents

第一章 為什麼那個人比我更會學？

第二章 大腦就想這樣學！

第三章

先別急著學！事半功倍的學前準備術

第四章 腦力全開學習法

前言

比起「學什麼」，更重要的是「怎麼學」

這是一本教你「怎麼學」的書。

學習是一項崇高的行為，自我們呱呱墜地起，便一直持續到人生最後一刻。

學習父母的言行、效仿師長、借鑑友人、取法前輩和上司，或向人生導師求教……要說人生是由一連串的學習所組成也不為過。

雖然學習是一輩子的事情，然而現代教育中，幾乎沒有機會學習「如何正確地學習」。

數學、國語等學科知識固然相當充實，尤其在大學階段，除了校園環境外，魅力十足的學科內容是吸引學生的要素之一。

這年頭，許多補教人氣講師也經常登上媒體，他們活潑獨特的「教學法」往往比教學內容本身更受矚目。老師越會教，人氣就越高，甚至有學生不惜站在教室後方也要聽講。

不過換個角度，站在「接收者」的立場來看，那些聽講的學生，以及我們這些商業人士，在「學習法」可曾下過任何工夫呢？

實際上我們鮮少學習「如何學習」，只是一味地接收老師和學校塞給我們的知識，不是嗎？這份隱憂始終埋藏在我心裡，促使我決定撰寫本書。

四個月內多益進步五六五分的「學習法」

我在東京經營一間顧問公司，每年會晤超過五百名顧客。在諮商場合與講座上，我總是運用我的恩師——號稱腦科學界「東大特訓班導師」石川大雅先生所開發的腦科學方法，幫助顧客解決疑難雜症。

我們主要接洽企業與社會人士，提供潛力開發與人才培育服務，偶爾也受邀至大學演講。

雖然我現在是站在協助他人解決問題的立場，但我也並非天生就會念書或喜歡念書。說起來我以前其實不擅長讀書，看到課本甚至能閃則閃。

我過去就讀某地方上的外語大學，主修英文，但我一年級時完全不懂英文。那間學校會依多益國際英語測驗的分數進行分班，我入學時的分數只有三五〇。請注意，多益滿分是九九〇分，所以三五〇分屬於級數最低的分數。考量到我是個主修英文的外語大學學生，這個分數簡直慘不忍睹。

然而某天我碰上了人生轉捩點，突然奮發向上，研讀四個月後再次報考多益，分數進步到九一五分。直至今日我都忘不了當時的感動，活了整整二十年，終於第一次打從心底體會到讀書的樂趣。

此後十年，學習徹底改變了我的人生。我透過學習發現許多新知，也意識到從未察覺的事，不斷拓展眼界；現在更將獲得的知識應用於講座和諮商工作，幫助顧客和學生們提升學習成果。當年的我，肯定無法想像十年後自己的模樣。

「學習」就是一項蘊藏著無限可能的行為。

每個人都有自己適合的學習法

「學習法」五花八門，有些方法人人通用，也有些效果因人而異。造成差異的祕密，其實就藏在你的大腦中。

A的大腦、B的大腦、C的大腦各有特色，換句話說對A有效的學習方法，套在B和C身上不見得有效。每個人都有適合自己大腦特質的一套學習方法。

詳細內容將於後文介紹，總之大腦可依其特性分成三種類型。

了解自己的大腦屬於哪個類型，並採取合適的方法學習，考試和念書時所需的記憶力、專注力、幹勁、輸出能力都能獲得飛躍性成長。

本書會帶你找出適合自己大腦的學習法，並深入淺出講解實行方式。

書中分成以下幾個章節，依序介紹學習方法。

第一章，我會站在腦科學專家的角度，解釋許多人對於學習法和念書所抱持的「疑問」。相信許多人讀完第一章，便可以打破自己對於傳統學習的既定印象。

第二章，我設計了一份測驗，幫助你找出適合自己大腦的學習方法。市面上談論學習技巧的書籍比比皆是，但如果不適合自己大腦，學習也是事倍功半。

找出符合自己大腦習性的學習方法，才能發揮最大成效。請各位務必在這一章掌握自己的大腦特質，善用於往後的學習。

本書後半部，也就是第三章至第五章，我會將學習這項行為分成三個環節，並列出各階段的實踐技巧。

具體來說，**第三章**會解說在正式開始學習前，如何透過「學前準備」將成果提升到最大。想要盡可能提高成效，絕對少不了這一步；倘若疏於準備，讀得再辛苦也是白費工夫。

第四章則會公開最大限度提升學習表現的竅門和觀念。今天學完，明天就可以實踐。本書提供的任一項方法，都有望大幅提升學習成效。

第五章會從腦科學的觀點出發，講解如何牢牢記住學習內容。欲熟記學習內容，必須先養成回顧的習慣。請各位務必在這一章學習有效的回顧方法。

本書適用於所有學習者：為了迎戰大考而埋頭苦讀的學生，以及想考取證照或充實自我的商業人士。為此，我濃縮自己的個人經歷、腦科學專業知識，並結合講座與諮詢的實務經驗，完成這本書。

願本書能成為各位讀者人生路上的助力。

第一章

為什麼那個人比我更會學？

花費同樣時間，為什麼他更厲害？

「為什麼他這麼會讀書？」

你是否曾經看著別人，想過這種事情？

明明上同樣的課，花同樣時間，寫同樣題庫，成果卻有明顯差距……

「我也想跟他一樣，用更少的時間進行更有效率的學習！」

拿起這本書的你，肯定懷抱這樣的期望。

你的心情，我十二萬分理解。誰不想用最短時間換取最大的學習成果？

那麼，究竟是什麼原因，造就了會讀書和不會讀書的人？

是因為天賦差距嗎？還是因為幸運遇見了好老師和好教材？又或者是因為學習方式不同？

以上答案都沒有錯，但我的想法是這樣的。

會讀書的人和不會讀書的人，只差在「是否採用適合自己大腦的學習法」。選擇適合自己大腦的學習法，方能在短時間內獲得至高學習成效。

反過來說，若採用不適合自己大腦的學習法，無論過了多久都無法獲得預期的成果。

開始講解前，我想先聊聊發現這件事的契機。我因為工作關係，經常出席諮商和講座活動，一年下來會和超過五百名學員見面。有些學員上完課沒多久便能立刻實踐，轉化為實質成果。但也有些學員始終事倍功半。

剛開始從事這份工作時，我總想不透怎麼會出現這種差異。然而在仔細觀察後，我發現拿得出成果和拿不出成果的學員之間，有個非常明顯的差別。

讓我用一則故事來說明箇中差異吧！

模仿別人前，先搞懂自己

K先生和N先生都是我開設的講座學員。他們年齡相仿，也視彼此為良性競爭對手，相互切磋學習。不過學習成效卻完全不同。

K先生能夠立刻發揮講座上所學，創造實質的成果。身為公司的經營者，他將講座上學到的內容應用於公司人才培育，業績蒸蒸日上。不久後，他很高興地告訴我，公司獲利創下了歷史新高。

然而N先生的表現卻始終差強人意。雖然他非常用功聽講，課程結束後的複習也很扎實，卻始終沒有反映在實際的結果上。學到的內容無法付諸行動；好不容易行動了卻半途而廢……失敗的原因很多，總之他當時深陷惡性循環中。

我見狀也想伸出援手，這時突然冒出一個點子：我可以先問問成功應用所學的K先生，了解他的祕訣是什麼。

於是我直接找來K先生：「請問你是採取什麼樣的學習方式或思考方法，才能創造出這般成果？」

而他的回答如下：

「我其實隱隱約約知道自己適合什麼樣的學習方法。或許是因為這樣，才能馬上實踐講座的內容，做出成果。換句話說，就是把課程內容化為己用。以我為例，如果念書和工作時戴著耳機聆聽雨聲白噪音，就可以全神貫注在眼前的事物上。雖然聽音樂時完全靜不下心，但雨聲這種白噪音，卻可以讓我無比專注。

「我知道自己有這個傾向，所以每當需要專心工作，或要複習課程內容、進行腦力激盪時，都會邊聽雨聲邊做事。這麼一來腦中就會不停湧現提升公司業績的具體想法。」

K 先生相當了解自己，知道「該怎麼做才會專心」。

我問了 N 先生同樣問題，然而他並沒有像 K 先生一樣建立一套具體的學習方式。他說：

「之前我也試過好幾種號稱高效的學習法。據說聽音樂有助於提高專注力，所以我馬上嘗試，但我聽音樂反而會分心，思考也會停頓下來。

「我還試了其他方法。有人說比起坐著讀書，站著腦袋反而比較靈光，所以我也照做了，但還是沒辦法維持注意力，到頭來每種方法都派不上用場。」

我從這兩次對話中，察覺了一件事。

K先生知道自己適合什麼樣的學習法，並身體力行，最後如願收獲成果；而N先生只是單純模仿別人口中的好方法，並沒有確立真正適合自己的高效學習法。

最短時間換取最高成效

我就是根據這則故事，建立了以下假說。

拿得出成果的人，和拿不出成果的人最大差別，在於是否採用適合自己大腦的學習法！

前者掌握了對自己來說有效的學習方法，並一步一腳印實踐，因而創造成果。

至於後者越煩惱，越可能一再模仿別人推薦的技巧。但如果學習方法不適合自己，也無法轉化為實質效益。於是陷入一旦拿不出成果，又轉而嘗試其他技巧的惡性循環。重蹈覆轍，自然難有收穫。

從此之後，每當我接洽諮商客戶和講座學員，我都很好奇對方採取了什麼樣的學習方法。

觀察過程中，我逐漸確信「拿得出成果的人，採取了適合自己大腦的學習法」。同時也深深體悟到，表現不佳的人，往往不了解自己的大腦特性和運作模式，只是一次又一次仿照他人的學習方法。

本書會循序漸進，帶你掌握適合自己大腦機制的學習法，幫助你用最少的時間，獲得最大的成果。

為什麼別人記憶力比我好？

雖然很想直接開始講解學習法的內容，但在此之前，我想先回答學員經常提出的「學習問題」。

這些回答有助於各位讀者理解何謂更**適合大腦運作機制的學習法**。光是留意到這一點，學習成效就會大不同。

首先，最常見的學習煩惱即是「為什麼別人的記憶力比我好？」相信正在讀這本書的你，一定希望盡可能提升自己的記憶力。

不過有件事情得先說明白：**「人是健忘的生物。」**

發現這項事實的人，是十九世紀的德國實驗心理學家艾賓豪斯（Hermann Ebbinghaus）。

他在實驗中請受試者記憶多組隨機編排、毫無意義的三字母單字，記錄他們遺忘這些單字的時間，並畫成本書第二十六頁的圖表。

實驗結果顯示，人類獲得新的記憶之後，過了二十分鐘便會忘記四成，過了一天則會忘掉七成以上。
這就代表如果什麼也不做，總有一天你會遺忘大多數的事情。

人是健忘的生物

艾賓豪斯的「遺忘曲線」

德國心理學家艾賓豪斯，要求受試者記憶「無意義的字母組合」（只有一次機會），探討其記憶隨著時間將產生什麼變化。

大腦天生健忘！

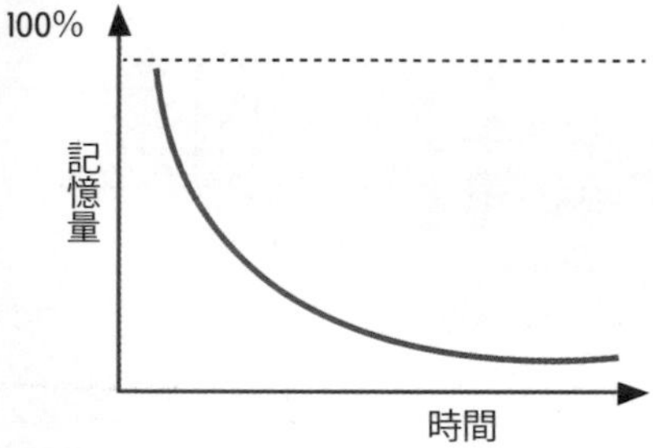

- 20分鐘後忘記42%，記得58%
- 1小時後忘記56%，記得44%
- 1天後忘記74%，記得26%
- 1周後忘記77%，記得23%
- 1個月後忘記79%，記得21%

- 第2次學習只需第1次學習時的兩成以下心力，且1年後記住的比例會倍增。
- 想要維持記憶1年，平均需反覆學習4至5次。
- 第1次：先記住
- 第2次：1小時後再看一次
- 第3次：1天後再看一次
- 第4次：1周後再看一次
- 第5次：1個月後再看一次

以「記得多少事物」來評斷記憶好壞，實在沒什麼道理。因為人的腦袋，本來就是被設計為「善於遺忘」。

所謂記憶力強，其實可以定義為「擅長回想」，也就是取決於能夠想起多少事情。

與其著重於記住事情，不如多花點心思降低撈取記憶的難度。

只要理解這一點，你對於記憶力的認知就會產生莫大改變。

兩個要素，降低回想難度

那麼，這種容易回想起某件事物的狀態，又該如何打造呢？

從腦科學的角度來看，學習效果可以定義為**「反覆×衝擊」**兩項因素相乘的成果。

不斷加強這兩項要素，就能提升學習效果。

「反覆」即為重複學習，例如反覆背誦單字、反覆寫模擬考題等。重複學習同一件事情，就是加強反覆要素的行為中最具代表性的例子。

接著來談另一項因素：「衝擊」。

這裡的衝擊意味著「學習時伴隨著心情、情感等『感受』」。換句話說，比起單純進行反覆學習，帶有情感的學習更能刺激大腦吸收資訊。

舉例來說，默背英文單字時不要死記，閱讀有情節的範例文章更容易催生情感。

這個道理和我們看喜歡的電影、小說時會感動一樣，故事具有激發人類情感的力量。

帶著情緒感受，反覆學習，便能輕易加強「衝擊」的力量。

一般所謂「記憶力強」，也就是擅長回想起學過內容的人，不但會一次又一次地反覆學習，也懂得在學習時巧妙運用感受的影響力。

為什麼總是臨場緊張？

你是否也有過這樣的經驗？明明考試前埋頭苦讀，正式看到考卷時腦袋卻一片空白，完全無法發揮原本的實力。

拚命付出心力，到頭來卻沒派上用場，還有什麼比這還令人惋惜？

我也常常聽到講座學員提問：「每到正式上場都會手足無措，這種問題有沒有辦法解決？」

關於這個疑問，以下將以腦科學的角度來解釋。

首先，正式上場時之所以緊張，主要原因之一是**「實戰模擬不足」**。

舉例來說，坐在書桌前寫考古題，無論拿到再高的分數也只是單純練習。練習和正式考試的所有狀況都不一樣，光是考場環境就和平常練習時截然不同，一切都有其嚴格規範，連考試開始的時間都是事先決定好的。而且當天除了自己之外，還有許多一心想通過考試的考生。搞不好你連當天穿的服裝、使用的文具都和平常不一樣。

練習和正式上場的狀況完全不同，因此關鍵就在於預先考量這些要素，反覆演練實戰的情況。

有位學員S先生就曾告訴我，他在準備多益的過程中，便徹底採取這種演練方式，結果正式考試非常順利。

這位S先生，平時為人緊張兮兮，正式考試往往連練習時一半的實力都發揮不出來，總是抱憾而歸。

於是我告訴他，日常練習時就要想像正式上場的情況。後來他在考前實際參觀考場（當時多益借用某大學教室作為考場），確認從家裡走到考場的路線，並實際體驗教室裡的氛圍。

不僅如此，他即使在家也會配合多益當天考試的開始與結束時間，反覆練習模擬考題。練習時也總會穿上考試當天要穿的衣服，使用當天要用的文具。

更絕的是，他還挑了一天來模擬考試當天時程，親自前往考場，偷偷混入滿是大學生的教室中寫考古題。

盡善盡美地反覆練習，幫助S先生在正式考試時得以正常發揮，甚至表現得比練習時更出色。最後他考出接近滿分的好成績。

用腦科學方法緩解緊張

從腦科學的角度來看，「模擬實際狀況，進行演練」是相當合理的行為。

我們的腦神經細胞數量多達上百億。每個神經細胞都有所謂的「突觸」，腦內的資訊就是藉由這些突觸相互接觸來傳遞。

突觸有項特徵：「反覆運用的突觸會越來越發達、粗壯，提高重現行為的能力。」

重複學習一件事情好幾次，可以訓練特定突觸，幫助我們穩定發揮相同的本領（提高重現行為能力）。

試著以棒球為例來想像吧，一開始連球也接不好的孩子，不斷練習之後，就能輕輕鬆鬆不漏接。這即是與接球行為相關的突觸變得發達，重現能力有所提升的證據（順帶一提，掌管運動的中樞神經為小腦）。

這點也適用於準備考試、會議提案、發表演說等情況。盡可能創造近似正式上場的演練環境，可以強化該神經突觸，舒緩臨場上陣的緊繃情緒。

為什麼總是三分鐘熱度？

克服臨場緊張的毛病後，相信各位還有這樣的學習煩惱：明知道要念書，卻老是三分鐘熱度，讀沒多久又停下來。

學習動力能一直維持滿檔當然是最好，現實卻沒有這麼簡單。

不過，只要理解大腦運作的科學機制，就能達到更持久的學習動力。

其實我們所謂的幹勁，源自於一種神經傳導物質「多巴胺」。當大腦分泌多巴胺時，人類會產生喜悅的情感，幫助我們在動力十足的狀態下進行活動。

因此維持學習動力的關鍵，在於確保多巴胺持續分泌。持續分泌多巴胺，人就會充滿幹勁，積極投入學習，拿出最佳表現。

維持幹勁滿檔的腦內機制

那麼，我們要如何刺激多巴胺分泌，維持精神抖擻？

重點在於**「累積小小的成功」**。

不斷累積小小的成功，腦內便會綿綿不絕地分泌多巴胺。例如讀書時可以事先決定好「今天要讀證照參考書三十分鐘」，並設定倒數計時三十分鐘。若這段時間內都很專注的話，就可以**給自己一點獎勵**。獎勵可以是「吃一口喜歡的點心」，也可以是「休息五分鐘，好好放鬆一下」。

像這樣累積小小的成功，給予自己獎勵，大腦就會產生成就感。一旦體會到成就感，大腦就容易分泌多巴胺。

累積小小成功，以促進多巴胺分泌的方法還有很多種，例如**設定較小的中程目標，達成目標時慶祝一下**也很有效。

舉例來說，我的客戶T先生在正式考試前，會設定中程目標為「模擬考○次、考古題△次」，並努力達成自己訂立的目標。當他達標後便會在家裡舉辦一場小型慶祝會，藉此維持高昂的動力。

但可能也有人因為自我要求太嚴格，不習慣肯定或稱讚自己，因此難以累積這類小小的成功這種人通常很難維持動力，狀況嚴重下甚至會責備自己無法維持學習的幹勁，進而影響到工作和私生活。

自我要求高、嚴謹以對的態度，固然值得嘉許。不過為了維持學習動力，也得適時休息。有技巧地善待自己，是讓大腦運轉更高效的祕密。

我們為何會有不擅長的事？

即便釐清上述學習問題，但無論是學生準備大考，或是出社會後準備考證照，總會碰上自己特別擅長或不擅長的科目。如果所有科目都很拿手，考試肯定輕鬆無比，但現實可沒有這麼美好。

那麼，碰到不擅長的科目時，該如何應對？

討論如何克服之前，我想先來談談為什麼我們會有特別不擅長的事物。

在某領域表現不佳的原因，通常來自「他人的批判與評論」，也就是外部的回饋。

我們從小就在各方面接收他人的評價，最明顯的例子就是學校考試。

考試本身即為由老師替學生打分數的機制，而這個分數就等於他人評價。擅長國語的孩子可以在國語考試中拿到高分，卻也可能數學考不及格。

這時候，孩子會陷入怎麼樣的心理狀態？

除了少數例外，數學想必是大多數孩子的夢魘。因為這是一門「有標準答案」的學科，程度高低全憑考試分數斷定，結果一目了然。一旦孩子開始覺得自己不擅長數學，之後恐怕再也不會積極學習這項科目了。畢竟人這種生物，會傾向回避自己拙劣的領域及厭惡的事物。

然而明知不擅長，卻又不加以學習，會發生什麼事？結果就是下次可能拿到更低的分數，進一步強化孩子覺得自己對數學不拿手的認知。

不擅長某件事的印象，就是像這樣透過他人批判和自我評價，深深烙印在我們的意識之中。

我無意否定考試存在的價值，畢竟定期考試可以檢測自己的熟悉程度，而以促進未來學習的面向來說，這是必要的。

不過讀者中如果有投身教育的人士，或許可以想一想，考試制度其實是造就不擅長科目的主要原因。

每個學生的各科成績有高有低，必須針對各自分數較低的科目加以輔導。我認為未來的教育會更重視因材施教。

對付弱點

話題有些扯遠了，但我想各位讀者都已經了解人為何會有特別不擅長的事物。

那麼，找出自己的弱點後，該採取什麼樣的對策？

重點在於「回到你可以理解的部分」。

再怎麼不擅長的事物，總有個你開始感到難懂的部分。

假設我們準備多益考試時，文法和長文閱讀測驗都沒問題，聽力測驗卻不太得心應手。碰到這種情況，就要從聽力測驗這個大框架中，鎖定對自己而言較困難的部分。

如果是基礎單字量不足，就必須由此開始下手；如果單字量夠，卻跟不上母語者的語速，那很有可能只是因為聽不慣英文，這時與其背更多單字，或許更需要在上班上學路上，聆聽聽力訓練教材。

像這樣**找出自己不擅長的根本原因，對症下藥，就可以一步步克服不拿手的事物**。

碰到不擅長的事物時，請找回學習的初衷，重新回顧過往的學習內容。回顧過程若發現自己不熟悉的內容，就從那裡開始處理。

熬夜真的有效嗎？

當我們談論學習法時，經常碰到一個問題：「有人說即便熬夜也必須把學習內容都記起來，但挑燈夜讀的效果真的好嗎？」

簡單來說，就是該不該熬夜的問題。

先從結論講起：**站在腦科學的立場，人不應該熬夜**。我也總是告訴每位學員：讀完書後請務必好好睡一覺。

這項結論的背後，有一套大腦運作的機制可循。

大腦中有個稱作海馬迴的部位，攸關人類的記憶力。研究指出，這個長得像海馬的部位，具有將短期記憶轉化為長期記憶的功能。

換句話說，海馬迴越發達，短期記憶就越容易轉化為長期記憶，也就代表能擁有更好的記憶力。

關於這一點，有份挺有意思的數據：腦醫學專家瀧靖之教授於東北大學加齡醫學研究所成立的研究小組發現，睡眠時間越長，海馬迴的體積也越大。意即睡眠時間充足的孩子，掌管記憶力的海馬迴會發育得比較好。

睡眠的好處還不只這樣。近年研究更證實，大腦在睡眠期間會整理記憶，有助於加強記憶並長期保存。

也就是說，開夜車讀書、犧牲睡眠時間，等於是自己剝奪了留下記憶的機會。

順帶一題，根據權威睡眠專家漢斯・凡東恩（Hans Van Dongen）等人於賓州大學和華盛頓州立大學的研究結果顯示，若超過十天都只睡六小時，對認知功能造成的損害程度等同於徹夜未眠。熬夜時的做事效率，比喝下七到八杯酒精飲料的狀態還糟。所以超過十天只睡六小時的人，形同在酒後的狀態下工作。

由此可見，熬夜念書顯然得不償失

不要熬夜，養成規律睡眠並持續學習的習慣，這是我從腦科學觀點得證的誠摯建議。

什麼樣的人學得快？

經常有學員向我訴苦：「別人都學得好快，我卻不得要領，怎麼也學不會……」

相信很多人都想成為學得快，又能實際拿出成果的人，不過學得快到底是什麼意思？

在我看來，學得快是指「不需耗費太多輸入的心力，就能產出優秀成果」。

放到學習上來說，就是那些花費少量時間和精力，便能考取想要的證照或學校的人。

這個定義也不限於讀書領域。在短時間內創下碩果的商務人士，就屬於學得快的人，通常會讓人留下「能幹」的印象。

你的目的是一百分，還是及格？

那麼，到底是什麼原因造就有人學得快，有人卻不得要領？

前者有個非常明顯的特徵：他們通常會貫徹一項原則：避免無謂的努力。

他們不斷嘗試用最少的努力和精神，達到期望的成果，因此在學習時不會急著馬上翻開書。

舉例來說，如果目標是「考取○○證照」，就會先掌握需要的要素和時間，以此回推學習計畫，安排合適的進度和教材。

另一個明顯的特徵是，他們只會學習達成目標所需的最低限度內容。

假如某證照考試的及格分數是七十分，那麼進行考取七十分所需的學習即可。他們認為沒有必要考到更高的分數，所以也不會花額外的時間繼續學習。

然而不得要領的人則會為了考到一百分而拚命學習。既然想考到一百分，不免得花上相對分量的時間和精力。

但通過的考試標準也就七十分，說白了，為了多拿那三十分所進行的學習，就屬於「無謂努力」。

想要考取證照和志願學校，目標終究是「及格」，而你的學習和花費的精力都只是達成的手段。千萬別搞錯了它們之間的關係。

創造明確的「未來記憶」

如前所述，學得快的人和不得要領的人，差別就在於如何看待「無謂努力」和「目標」。

不過腦科學又是如何看待兩者的差異？

就結論來說，兩者的差異在於「是否能創造明確的未來記憶」。

所謂未來記憶，即是在腦海中具體描繪關於將來的想像，包含接下來的預定事項和排程，以及對於未來的構想和展望。

換句話說，學得快的人為了獲得想要的成果，可以想像出栩栩如生的未來記憶。他們不會貿然開始學習，而是會先設想達到及格的前提，並根據此前提，規畫學習方法與計畫。

一旦描繪出鮮明的未來記憶，人類自然會受到刺激，勇於採取行動，實現腦中的藍圖，學習效果也將大不同。

學習障礙，只有三個

本章最後，我想談談各位讀者在學習上會碰到的障礙。

「專業術語太多，看不懂」「基本題解得出來，但碰到應用題就沒轍了」「完全不知道具體上該採取什麼樣的學習方法」……諸如此類，學習路上總是充斥著各種障礙。

但無論你傷腦筋的原因何在，所有學習過程出現的障礙，都可以歸納成三種類型，以專業術語來說就是「**學習障礙**」。這三種障礙分別如下。

學習障礙①：語言不通
學習障礙②：越級打怪
學習障礙③：沒有範本

第一種學習障礙：語言不通

學習上的第一個障礙，就是「語言不通」。

各位在剛開始學習新領域的知識時，是否曾因為碰到太多專業術語而一頭霧水？

這種碰壁的感覺，正是第一項學習障礙──「語言不通」最典型的例子。

一旦語言不通，思考便會瞬間停滯，因為詞彙量是所有學習的基礎能力之一，不了解詞彙的意思，連想發問都無從問起。假如必須解開一道數學題，卻看不懂題目敘述中的術語，當然就無法解開算式。

以腦科學的角度來說，這個現象和我們的記憶機制息息相關。我們至今的見聞所學，都會化為記憶資料庫的內容，儲存在腦子裡。日本腦科學顧問石川大雅，替這個資料庫取名為「參照資料庫」。我們總會在有意無意之中比對參照資料庫，從而判斷眼前的事物，藉此賦予或理解事物的意義。

證據就在於，你現在看得懂這本書的內容，是因為過去學會中文，累積了足夠的參考資料，才能理解書中的文字是什麼意思。不懂中文的外國人即便翻開這本書，只怕是看得丈二金剛，摸不著頭緒。

但一碰上證照考試和升學考試，我們卻很容易忽略自己的參照資料庫有多匱乏。

語言不通並非技術和能力上的問題。簡單來說，就只是參照資料庫裡的資料不夠你理解那些字詞而已。因此當你碰到「語言不通」的學習障礙時，解決方法非常簡單：增加詞彙量，看懂更多詞語就行了。只要學會更多該領域的詞彙，自然就有能力解決更多的問題。

第二種學習障礙：越級打怪

學習上容易遇到的第二個障礙是「越級打怪」，也就是「貿然挑戰太難的部分」。假設某項考試科目的學習分成五個階段，若跳過第一階段直接從第二階段開始，肯定會覺得困難無比。

這就像叫一個不會四則運算的孩子去解二次方程式，他也不知道該如何是好，這種情況正是所謂的越級打怪。

準備考試時如果覺得「這個單元開始突然變得很難」，就代表此處很有可能已經超出你現在的能力範圍了。

這種時候，不妨先退回自己能理解的部分，重新仔細學習，循序漸進。如此一來就能順利拾級而上，不會再陷入越級學習的窘況。

第三種學習障礙：沒有範本

第三個學習障礙是「沒有範本」，這也是許多人面臨的困境之一。學習上越拿不出成果的人，越傾向獨自解決所有問題。然而如同前面提過，人類的天性就是藉由對照腦內的參照資料庫，來理解事物的意義。反過來說，一旦參照資料庫裡缺乏相關資訊，當然無從理解。

想要通過證照或升學考試，勢必得補足參照資料庫中原先缺乏的知識和技術。明知如此，卻還想要憑一己之力苦幹，這樣實在太沒效率了，不是嗎？

如果有認識一些已經考取證照、考上學校的學長姐，不妨當面向他們請教。最好找剛考上的人，他們的分享會更讓人身歷其境。如果學年差太多，很有可能會因為雙方的前提差異過大，以至於缺乏參考價值。

提問的流程是先列出想問的問題，例如讀書的竅門和考試技巧。切記，要抱持打破砂鍋問到底的心態，如此一來就能從你的「參考範本」身上問出實際的經驗談了。

而就算很難當面詢問這些人，現在網路這麼發達，善用YouTube也能輕鬆獲得資訊，好比搜尋「〇〇（想考取的證照名稱）學習法」，就可以找到許多相關影片。如果是知名的大型測驗，去一趟書店也可以找到很多傳授應考技巧的書。

與其獨自苦惱，不如善加利用前人的智慧，這就是解決「沒有範本」這項障礙的關鍵。請各位務必妥善利用現有的各種資源。

以上就是三種學習障礙與應對方法。

覺得學習進展不太順利時，先釐清自己碰上了哪種障礙，並採取適當的解決辦法。

接著下一章將開始談談，我們可以用什麼方法具體找出適合自己大腦的學習法。

三種學習障礙，這樣解決

學習障礙	應對方法
語言不通	增加詞彙量。
越級打怪	退回有辦法理解的部分，仔細學習，循序漸進。
沒有範本	找出可以參考的範本並加以模仿（例如詢問學長姐、透過書籍或 YouTube 影片，參考合格者的經驗談。）

第二章

大腦就想這樣學！

多益低標的外文系學生

正式談論自己大腦適合什麼樣的學習法前，我想先和各位聊聊促使我執筆寫下本書來探討學習法的契機。

故事發生在我大學一年級的尾聲，正值十九歲的那年春天。坦白說當時並不擅長也不喜歡讀書，所以上大學的第一年，我每天都和朋友玩得很瘋。

我念的是當地外語大學，女學生數量是男學生的三倍以上，一班通常只會有幾個男生，彼此感情也因而更加要好，幾乎每天晚上都會跑到同學家裡閒聊吵鬧到深夜，高談將來的目標和夢想。回想起來，那就是青春啊。

成天打混度日，書自然是沒念多少。就算是沒和朋友相約玩樂的時間，我也總是拿來打工，從未正視學習。我以多益為一個評判基準，讓各位知道當時的我到底有多混。多益是一項國際英語能力測驗，對主修英文的學生來說是非考不可的重大考試，我當然也不例外。

然而，我入學時的成績只有三五〇分。乍聽之下並不差，但請注意，多益滿分足足有九九〇，因此我的分數其實屬於最低程度。我以前就是這麼不會念書。

然而當時我毫不在意，因為身邊有許多一起玩樂的朋友，每天都行程滿檔，而且我認為「一生一次的大學生活，必須盡情玩個夠！」直到後來，發生了一件讓我徹底扭轉想法的大事。

是什麼讓放牛班愛上學習

沒日沒夜玩樂的我，在大學一年級生活即將結束的十九歲春天，碰到了一件事。當時成天和我打混的好友Ｈ突然說：「你看！前陣子我報考了多益，今天收到成績單了。」我原本還毫不在乎地心想：「竟然還會主動報考多益，看來是有心想念書了呢。」結果一看到他的分數，我簡直嚇呆了。成績單上的數字竟然高達七五〇分。

這個分數對我來說除了衝擊，還是衝擊。畢竟當初入學時我和Ｈ都被分在後段班，所以我始終認定我們應該站在差不多的起跑點上。殊不知，H雖然天天和我玩在一塊，其實還是乖乖念書，證據就是那張攤在眼前的多益成績單。

這件事情至今仍歷歷在目。被好友拉開一大截差距，我心有不甘，同時也打從心底怨嘆自己不爭氣。這一年來到底都做了些什麼？每天無所事事，蹉跎了多少光陰？千頭萬緒揮之不去，我回到家後甚至獨自落下了悔恨的眼淚。

宣洩完所有的氣餒之後，整個人煥然一新。我下定決心：「H做得到的事情，沒道理我辦不到！從現在開始，我也要考好多益！」

那是我生來頭一遭自己設立目標，並就此決定用功學習的轉捩點。

眼前的目標是超越H。我為了這個目標排定讀書計畫，從零開始背單字；大量寫題庫改善文法的不足，整天窩在圖書館裡反覆練習過去十年來的考古題；每天上下學路上也戴耳機聆聽英文語音教材，讓自己習慣聽英文。

這樣的生活持續了大概兩個月，當我升上二年級時，多益考試的日子也終於到來。當天我使出渾身解數應考，體會到前所未有的游刃有餘，甚至還有種發揮得淋漓盡致的成就感。

從考試結束到成績單送來的期間，我每天都惴惴不安，心情就像等待學校發來錄取通知的高中考生。當我收到成績單，準備打開時，手甚至抖個不停。我永遠沒辦法忘記看到成績單的那一剎那，上面寫著八一五分。

沒錯，我漂亮跨越了當初設下的門檻，考出比Ｈ還高的分數。

我至今仍能清楚憶起當下的欣喜。人生第一次主動設立學習目標，而不是被老師和父母逼迫。我達成了這個目標，因而獲得了小小的成功經驗。

在那之後，我燃起學習的興趣，於是替自己訂了超過九〇〇分的目標，並從同一年九月開始研讀兩個月，十一月再次挑戰多益。

最後我考了九一五分。從三五〇分到這個成績，總共進步了五六五分。

這是我第一次在學習上獲得成功的經驗，而這也成了我人生的轉捩點，令我察覺到讀書、學習多有意思，並開始鑽研這份樂趣。

學習成果是兩項因素相乘

自從意識到學習的樂趣後，我除了準備多益，還同時學習並應用許多領域的知識，例如會計簿記和經營企管。

雖然領域和內容不同，但我認為創造學習成果所需的共通本質，其實非常單純。

我得出一個結論：產出學習成果的根本要素，能歸納成兩個淺顯易懂的變項，而這個結論可以透過以下方程式表示。

學習成果＝內容 × 學習法

換句話說，只要確保「高品質的內容」和「有效率的學習法」，就可以獲得良好成效。這對當時的我來說可是大發現。

舉例來說，就如同前文提到，有些補習班講師大受歡迎，甚至很多學生不惜站著也想聽課，這樣的課程，即可視為高品質的內容。此外，完整集結歷屆試題的考古題庫，也屬於高品質的內容。拿英文考試的例子來說，考生彼此之間想必也會聊到「想要考上○○大學，就必須把這本單字書背得滾瓜爛熟」這類話題。

準備證照考試和升學考試時，高品質的學習內容可以大大提升通過的機率；透過這樣的內容持續學習，最後也能獲得相對良好的成果。

任何人都可複製的學習法，真的存在嗎？

而另一項「學習法」又是什麼樣的要素呢？

世上存在各式各樣的學習法，簡直可說是百家爭鳴。光是「背書」的時間點，就有人認為「睡覺時腦袋會整理記憶，所以最好在睡前背書」；也有人認為「上午的專注力更好」。

至於學習時間，有人認為少量多次，一次三十分鐘最好；但也有人認為人類的專注時間最多可達九十分鐘，所以一次學習整整九十分鐘比較好。

各種觀點，衍生出形形色色的學習法。

近來除了專門提供應考策略的工具書，也能看到不少商業書開始探討有效的學習法，其目標讀者是準備考證照的商務人士，有些書甚至建議考生使用特定的筆記本或某種椅子，諸如那款筆記本有助於學習；這款椅子可以提高專注力云云。傳授學習法的書籍蔚為風潮，如今已經在書店占有一席之地。現在正是「學習法熱潮」的時代。

而我自己其實也嘗試過不少學習法。我曾為了抵抗睡意而站著念書；還有一段時間嘗試用「便利貼整理術」取代筆記本來整理資訊、梳理思緒；後來聽說「具體想像學習的成果，更容易提高動力」，所以又換了一種學習法，甚至在牆上張貼照片和圖片，藉此把想像化為實際形象。

很遺憾，有些學習法有效，有些卻毫無幫助。

雖說不經一事不長一智，但學習路上，始終有個疑問盤踞在我的心頭：「難道沒有一套人人通用、誰都可以複製的學習法嗎？」

直到出了社會、離開公司自行創業，我始終不停詢問客戶和講座學員各種有關高效率學習法的問題。

結果我發現了一項有趣的事實：對A有效的某學習法，對B卻造成反效果——這樣的情況無所不在。

提高學習成效的隱藏版因素

我實在百思不得其解，明明採取同樣的學習法，為什麼每個人效果差這麼多？甚至許多我認為有效的讀書方式，對其他學員來說卻一點也不受用。

想著想著，我開始將解惑的希望寄託在自己的腦科學專業領域。思考過許多可能性後，終於讓我碰上了第一章提到的K先生和N先生。

親眼目睹他們的差異後，我靈光一閃：「原來會讀書的人和不會讀書的人，差別在於大腦的使用方式！」

若這項假設為真，我就必須稍微修改學生時期想出的「學習成果方程式」。

也就是說，**即便學習法再出色，只要不適合自己的大腦，耗費再多時間也不會帶來成果**。

現在的我認為，以下才是決定學習成效的最強方程式。

學習成果＝內容×學習法×適腦性

除了前述提及的內容與學習法之外，我加上了「適腦性」這項新的要素，**意味著內容、學習法與大腦運作模式的契合度**。

這項方程式的特色，在於每個要素之間會發揮相乘的效果；既然是相乘，就代表只要任一要素為零，學習成果也會歸零。

換句話說，無論你選擇的內容和學習法本身再出色，只要和你的腦袋合不來，也是白費力氣。

第二章的主題就要探討這第三項要素——適腦性。

提升適腦性，就有辦法採用更有效、更適合自己的學習法。

現在之所以無法發揮預期的學習效果，或許是因為你採取的學習法不具有適腦性。

學習法超進化！
「成效最大化」方程式

過往的學習方程式

學習成果 ＝ 內容 × 學習法

重點擺在如何獲得高品質的內容和習得高品質的學習法。

新的學習方程式

學習成果 ＝ 內容×學習法×適腦性

多了「適腦性」的要素，開始意識到要選擇適合自己大腦的學習法。

學習法熱潮衍生出的弊病

為何我會如此重視「適腦性」、如此在意一項學習法究竟適不適合自己大腦呢？其實這和前面提過的「學習法熱潮」有關。

我目前訪問過的客戶和學員，都嘗試過各式各樣的學習法，無一例外。畢竟當今世上充斥著五花八門的學習法，每一種都有人嘗試。

然而，我也看過不少因學習法太多元而苦不堪言的人。

如果試了許多學習方法和技巧，卻依然沒辦法拿出成果，就很容易開始討厭自己，深陷負面思考。

「我是不是沒有能力？是不是很笨？都讀成這樣了卻沒進步，是不是讀一輩子也沒用？」

如果長期處於責備自己的壓力狀態，就會產生擔憂、緊張的情緒，經常焦慮不安。不想辦法跳脫這個狀態的話，腦內會分泌過多正腎上腺素（Norepinephrine，用以調節情緒的神經傳導物質），甚至可能惡化成憂鬱症。

拒絕無腦模仿，找出專屬自己的學習法

有件事各位一定要銘記在心：「無論別人提出的學習法再優良，那終究不是你自己想到的方法。」

那些學習法畢竟只是某些講師透過講座、書籍等形式公開的個人想法，就某方面來說，假使他人提出的學習法無法在自己身上見效，也是再正常不過的事情。

重要的是找出屬於自己的學習法，不要一味模仿他人。「專屬自己的學習法」正是我一直以來大力提倡的觀念，也就是「適合自己大腦運作模式的學習法」。

只要知道哪種學習法適合自己的大腦，我相信各位一定能花更少時間，獲得更大的學習成效。

實際上我本人也是這樣，自從找到提高專注力和效率的學習法後，無論工作或學習都順利許多。那些表現出色的諮商客戶和講座學員，也都是在了

解自己最適合用什麼學習方法後，得以維持高度專注力。

大腦的三種運作模式

前言稍嫌囉嗦了些，接下來，我將具體講解如何找到屬於自己大腦的學習法。

先講結論：適合大腦的學習法可以分成三種類型，各位首先要知道自己屬於哪一種。

至於分類的關鍵字，則是「五感」。

人類透過視覺、聽覺、觸覺、嗅覺、味覺五種感官，來獲得外界資訊。正因為我們可以透過五感接收資訊，學習的概念才得以存在。

補充一下，據說人類大腦處理的資訊量每秒達一百億位元，其中透過視覺獲得的資訊量就占了八〇％以上，但這充其量只是平常情況下的資訊量。

我們該關注的重點應該是：「了解自己學習時，習慣優先使用哪個感官」。

你會優先運用的特定感官，就代表透過該感官學習，更容易吸收。

每個人傾向運用的感官當然不一樣。

雖然你平常可能不會特別注意，但**每個人在學習時，必定有個率先驅動的感官**。

刻意使用那個感官，更有助於內化學習內容；找出自己慣用的感官，並且學會有意識地運用，就能確實提高學習效率。

反之，一味使用優先感官之外的感官來學習，往往無助於提高學習成果。證據就在於，相信各位都體會過那種無論書念得再勤，卻始終沒念進腦袋的感覺吧？使用不適合的感官學習，就會導向相同的困境，感官對學習效果的影響就是這麼大。

以下將介紹「大腦最適學習法」的三種類型。

大腦最適學習法的基礎

①視覺型
②聽覺型
③觸覺型

首先請各位記住這三項學習模式。

後文將會列出簡單的測驗，讓各位找出自己的學習模式。請先留意，每個人的學習模式必定屬於這三項之一。

①視覺型

視覺型，指偏向用視覺學習的人。

這類型的人擅長透過眼睛記住事物並進行判斷。剛才也提過，人類平時處理的資訊以視覺資訊居多，而視覺型在學習時同樣能有效發揮這項感官，達到更高的學習效率。

舉例來說，一般人在背英文單字時可能會實際唸出聲來，或是反覆多聽幾遍來記憶，不過視覺型往往具有近似於**過目不忘的特質**。

此外，因為擅長用眼睛蒐集資訊，所以閱讀速度也較快，更能扎實記住看過的內容。

②聽覺型

聽覺型則是指學習時聽覺特別發達的人。

這類型的人適合**反覆聆聽有聲教材，用耳朵來學習，藉此獲得更佳的學習成效**。

題外話，我個人就屬於聽覺型，所以我會積極運用影音課程和有聲教材，利用每天早上起床後到上班前的準備時間，或通勤時的瑣碎時間學習。

而不光是聽，**實際出聲，邊聽自己聲音邊學習的「朗讀」學習法，對這**

類型的人來說也特別有效。

③觸覺型

這類型的人最適合透過活動身體、親手接觸等方式學習。舉個例子，就像老師會告誡學生「親手做筆記，印象才會深刻！」這種學習方法對於觸覺型的人來說尤其有效。

實際動手書寫，就是運用觸覺感官，靠身體去體會學習內容。當然，這並不表示做筆記對視覺型和聽覺型來說沒有效果，只是他們可能有更適合的學習法。

以上即為三種學習模式的簡單介紹。

讀到這裡，你是不是已經隱約察覺到自己屬於哪種學習類型了呢？

你最適合怎麼學？

3 種學習模式的特徵與學習方法範例

學習類型	主要驅動的感官	特徵和學習方法範例
視覺型	視覺	擅長以觀看方式記憶事物並做出判斷。 ・視覺化、圖像化 ・清空視線、維持環境整潔等
聽覺型	聽覺	擅長利用耳朵學習，例如有聲教材。 ・影音教材 ・朗讀等
觸覺型	觸覺	擅長透過肢體活動、實際動手觸碰來學習。 ・親手書寫幫助記憶 ・念書時用手或身體打拍子等

如果還搞不清楚適合自己的學習類型，也不必擔心，以下將提供一份簡單測驗，只需要五分鐘，就能幫助你找出專屬學習模式。

關於學習模式的注意事項

在你採用適合的模式進行學習之前，有三點事情必須特別注意。

注意事項①

首先要注意的是，**學習模式的概念並非全有或全無**。也就是說，就算你屬於視覺類型，也不代表聽覺和觸覺型學習法對你完全無效。這頂多表示你的基礎學習型態屬於視覺類型，但若能結合其他兩種感官，即可進一步提高學習效果（後面會探討各要素之間的適性和組合）。

注意事項②

第二點是，隨著年齡增長或狀況生變，學習模式可能發生改變。也就是說，即便你現在屬於視覺型，未來也很有可能會變成聽覺或觸覺型。

為什麼會出現這種變化呢？這牽涉到我們大腦的「可塑性」，簡單來說就是藉由學習而引起變化和獲得能力的一種性質。換言之，我們的大腦並非永遠維持在固定的狀態，而是會隨著學習持續產生變化。

因此，假設現在即便主要透過視覺來學習，只要未來累積夠多學習經驗、有所成長，你的學習模式很有可能會轉換成其他類型。

注意事項③

第三點，本書提及的學習模式，僅限於念書時的感官優先順序。

若是在念書之外的情況下，這些優先順序也可能大洗牌。

運動就是個代表性的例子。運動時主要使用的部分是身體，所以運動員在從事體育活動時，往往傾向屬於觸覺型學習者——即便他們在念書時屬於視覺型。

請記住，本書所舉出的學習模式，皆僅限於念書、考試等靜態學習範圍。

五分鐘測出你的學習模式！

那麼，接下來就讓我們進入測驗學習模式的環節。

找出學習模式的方法非常簡單，只要**誠實回答以下題目即可**。

有些題目乍看之下是重複提問，但其實是希望各位換個角度思考及回答。從各種角度提出問題，可以提升資訊精準度。

這些問題經過縝密的設計，可以幫助各位理解自己究竟比較偏向視覺型、聽覺型或觸覺型學習者。

你要做的，就是依據題目，勾選1～5其中一項數字。

「1：完全不認同」「2：稍微不認同」「3：無意見」「4：稍微認

同」「5：完全認同」。

每個數字各自代表不同程度的感受，請依照直覺回答

事不宜遲，馬上開始測驗！

㉒ 專心時可能會突然開始自言自語	1	2	3	4	5
㉓ 在安靜環境下獨自學習的成效較佳	1	2	3	4	5
㉔ 學習過程中，想喘口氣時，通常會選擇散步或其他活動肢體的方式	1	2	3	4	5
㉕ 注重版面的美觀	1	2	3	4	5
㉖ 喜歡使用外觀可愛或帥氣的文具	1	2	3	4	5
㉗ 重視文具（如筆、筆記本等）使用手感是否舒適順手	1	2	3	4	5
㉘ 知道自己用什麼樣的姿勢或坐姿更容易專注，並且身體力行	1	2	3	4	5
㉙ 認為錄下自己的聲音、反覆聆聽的學習效果很好	1	2	3	4	5
㉚ 整理資訊時不僅會用文字，還會搭配插圖	1	2	3	4	5

	1	2	3	4	5
⑩ 打著特定節奏時，更容易集中注意力	1	2	3	4	5
⑪ 附上圖片或照片等視覺影像的資訊，比單純的文字資訊更容易吸收	1	2	3	4	5
⑫ 出聲朗讀，更有助於自己記憶學習內容	1	2	3	4	5
⑬ 對你來說，利用瑣碎時間聆聽有聲教材，學習效果相當不錯	1	2	3	4	5
⑭ 敘述事物時，經常使用「開心」「難過」等表現情緒的詞彙	1	2	3	4	5
⑮ 可以直接在腦中重播有聲教材的聲音	1	2	3	4	5
⑯ 看到雜亂無章的資訊，或語意不清的題目、筆記時，會不太高興	1	2	3	4	5
⑰ 文具用喜歡的顏色，學習效果似乎也會提升	1	2	3	4	5
⑱ 無法忍受一直待在書桌前不動，必須起身透透氣	1	2	3	4	5
⑲ 對話時，比起平鋪直敘的描述，更傾向模擬聲音或動作來表達	1	2	3	4	5
⑳ 念書時搭配音樂，心情會比較愉快	1	2	3	4	5

大腦完全診斷

	完全不認同	稍微不認同	無意見	稍微認同	完全認同
❶ 透過電子書閱讀學習時，往往難以確實吸收內容	1	2	3	4	5
❷ 聆聽特定音樂，更容易專注	1	2	3	4	5
❸ 念書時如果有人從眼前經過，就會分心	1	2	3	4	5
❹ 實際動手寫下來，比較容易記住內容	1	2	3	4	5
❺ 擅長利用有聲教材，藉由聲音來學習	1	2	3	4	5
❻ 喜歡在不會有人經過的空間學習	1	2	3	4	5
❼ 對於別人表情的細微變化很敏銳	1	2	3	4	5
❽ 學習過程若出現噪音干擾，就會分神	1	2	3	4	5
❾ 經常在課本和書籍上畫底線或做筆記	1	2	3	4	5

Notes

你的大腦是什麼類型？

所有題目都勾選完畢了嗎？

請各位務必確實填妥後再翻頁。

接下來終於要確認你究竟屬於哪一類型了。請參照以下分類，計算自己各項的分數。

第一項：❸、❻、❼、⓫、⓰、⓱、㉑、㉕、㉖、㉚的分數總計四十分以上……視覺型

第二項：❷、❺、❽、⓬、⓭、⓯、⑳、㉒、㉓、㉙的分數總計四十分以上……聽覺型

第三項：❶、❹、❾、❿、⓮、⓲、⓳、㉔、㉗、㉘的分數總計四十分以上……觸覺型

分數超過四十分門檻的那一項，或最接近四十分的那一項，就是你的學習模式。

如果有兩項以上的總分超過四十分，可以視其中分數較高的那一項為你的學習模式。

計算分數確認結果！

「學習模式診斷」分數一覽表

問題編號	總計分數	學習類型
❸❻❼⓫⓰ ⓱㉑㉕㉖㉚	40 分以上	視覺型
❷❺❽⓬⓭ ⓯⓴㉒㉓㉙	40 分以上	聽覺型
❶❹❾❿⓮ ⓲⓳㉔㉗㉘	40 分以上	觸覺型

至於所有項目都沒超過門檻分數的人，可視三項分數裡面最高的那一項為自己的學習模式。

這裡測出的學習模式，代表了你在念書、學習時主要運作的感官。

視覺型的人善於「用眼睛學習」，可以多使用視覺來吸收資訊；聽覺型特別擅長「用耳朵學習」，不妨善用有聲教材，透過耳朵獲取資訊；至於觸覺型慣於「用身體學習」，學習過程中可以盡量多活動身體、動動手腳。

三種學習模式的活用實例

接下來，就讓我透過實際案例，說明不同學習模式下最有效的學習方法。相信各位看完後，即能根據自己的情況，選擇最合適的學習法。

視覺型高效學習法

①將資料視覺化

視覺型學習者，首要之務是多花點心思讓資訊變得「一目了然」。舉例來說，假如想要考取某張證照，不妨將所需知識用**用圖片或模型等形式表現，貼在牆上或放在桌上，也就是進行「視覺化」作業**。設法讓自己隨時看見那些知識，就能提高視覺吸收的資訊量；對視覺型學習者來說，以視覺吸收越多資訊量，成效也越好。

②清空視線

由於在運用感官時會優先選擇視覺，因此對視覺型學習者來說，視線中若出現分散注意力的東西，將會形同干擾，很容易影響學習表現。

例如在咖啡廳念書時，這種人會特別在意身邊或眼前的人影，導致無法專心。

因此，我建議這類型的人必須刻意清空視線，為自己整理出能夠專注的環境。清理書桌，就是一個排除干擾的方法。

③以視覺影像呈現未來記憶

用視覺化方式呈現達成目標後可能產生的變化，或具體描繪出未來將犒賞自己的獎勵，都有助於激發視覺型的學習動力。

我認識一位女性，她當初準備證照考試時，就計畫考到證照後要到東京的知名度假飯店享受一下，獎勵自己。屬於視覺型的她，特地印下飯店的照片，貼在自家牆上，手機裡也儲存照片，念書前總會點開來欣賞。

利用照片或插圖等視覺影像，具體呈現出積極正面的未來記憶，有助於提高視覺型的學習意願。

聽覺型高效學習法

①善用有聲教材

聽覺型學習者若想將學習成效最大化，重點就在於「增加用耳朵學習的機會」。不妨反覆聆聽有聲教材，積極創造活用聽覺感官的機會。舉例來說，這類型的人學英文時，透過聽力教材往往能獲得更高的成效。

我本人就屬於聽覺型，所以日常生活中，舉凡坐車滑手機的時間、出門上班前的準備時間，我都會播放影音教材或聽演講音檔，促進學習效果。

②自己打造立體環繞音效

除了單純用耳朵聽教材之外，「親耳聽自己的聲音」也是很有效的聽覺學習法。

使用方法如下：首先五指併攏，手掌稍微拱起放在耳後，在這種狀態下朗讀，自己的聲音就彷彿帶有立體環繞音效。

刻意創造這樣的狀態，便能將吸收資訊的效率提升到最高。想要背誦或學習任何內容時，這麼做可以大幅提高學習成效。

我在講座上請學員朗讀教材時，也會告訴他們：「先將手拱成碗的形狀，放在耳後，創造 3D 環繞音效的環境再開始朗讀。」比起單純唸出聲音，這麼做更有利於內化學習內容。

③背景音樂是學習好夥伴

想好好集中精神時，可以適時聆聽背景音樂來輔助自己專心學習。

尤其對聽覺型來說，維持長時間專注狀態的其中一項祕訣，就是**聆聽有助於注意力集中的背景音樂**。

以我自己為例，我工作和學習時習慣聆聽「雨聲」等白噪音，這本書就是在雨聲中撰寫而成的。

但就算同為聽覺型，邊聽雨聲邊工作的方法也並非人人有效。在我開設的講座中，有些學員表示聆聽輕音樂時的學習效率特別好；有些人則在播放

聽覺型最適合！

自己打造立體環繞音效

手指併攏後，整個手掌拱成碗狀置於耳後。在這種情況下朗讀，就像替自己的聲音加上立體環繞音效。光是「親耳聽到自己的聲音」，就能大大提升學習效果。

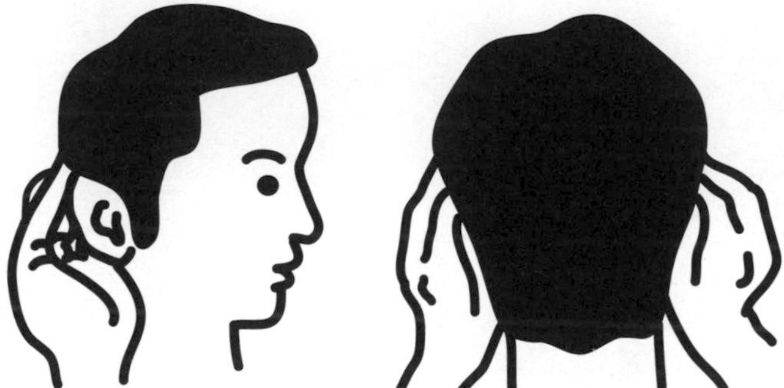

側面　　背面

西洋歌曲時更能專心。

嘗試透過各種聲音，找出有助於自己集中精神的音源，就能大大提升聽覺型學習成效。

觸覺型高效學習法

①動動手就對了

對於觸覺型人來說，讓肢體動起來，就是提升學習成果的不二法門。這類型的人不適合坐在書桌前靜靜地捧著書，一動也不動。

我建議觸覺型學習者不妨在念書時**手眼並用，用手指出眼睛正在看的段落；或是直接在重點處畫底線、在書上做筆記**。多嘗試這些行為，就能提高吸收內容的成效。

這個方法對其他類型的人來說當然也有效，但觸覺型能從中獲得特別好的效果。

不過相對地，觸覺型的人可能並不適合透過電子書等媒介來學習，因為電子書無法複製紙本書的手感，這一點可能讓觸覺型感到渾身不對勁。

②運用身體打節拍

運用身體打節拍，對觸覺型來說也是一種有助於提升學習效率的方法。

可能某些讀者不太清楚「運用身體打節拍」是什麼意思，舉例來說，我的講座中有幾位學員在學習時習慣抖腳，也就是用腳打出固定的節拍，這麼做能讓大腦更順利地吸收閱讀內容。雖然抖腳在一般情況下不太禮貌，但對觸覺型來說，實際打出節拍是最適合大腦的學習方法。

甚至有人曾跟我說，一旦被阻止打節拍，他的思考也會隨之停滯，完全記不起學習的內容。

遵守基本禮儀固然重要，但如果過度拘束自己，反而可能降低專注力。

③準備摸起來舒服、用起來順手的學習用具

許多學習法工具書的作者會主張「學習時使用這些文具更有效」，甚至會在書中詳細介紹他們推薦的用品。

其實這個方法對觸覺型學習者來說特別有效，因為他們非常重視文具的使用觸感和順手程度。

我有位朋友就是如此。每當他進入讀書模式時，就會拿起萬寶龍的原子筆。對他來說，萬寶龍原子筆在使用機能及手感方面都相當舒適，只要一拿起筆，就會馬上湧現學習的動力。

因觸感不同而產生心理變化，這也是觸覺型的特徵之一。

以下介紹一則可以看出學習模式效果的真實故事。

曾有一位針灸師Y來找我們諮詢，他當時很煩惱：「我報考了針灸師證照考試，有些科目內容卻老是記不熟。」

原來Y先生在記憶全身經絡位置的學科上吃盡苦頭。經絡即是人體氣血運行的通道，連結各個穴位。而他始終記不起來身體各部位的經絡名稱。

我們聽了Y先生的煩惱後詢問：「相信您為了記住經絡位置，一定花了不少工夫。不過想請教一下，您有特別擅長的科目嗎？」

Y毫不猶豫地回答：「有，我有。」

這個回答相當振奮人心。於是我們想進一步了解Y先生拿手的科目及學習方法。

結果發現，Y先生面對擅長科目與不擅長的經絡科目時，學習方法南轅北轍。具體來說，對於前者，他會實際觸碰身體部位，記憶對應的術語和重要詞彙；而在面對不擅長的經絡內容時，卻只是硬背單字。雖然曾試著錄下自己的聲音，努力利用通勤時間記住那些名稱，卻一點效果也沒有。

我們從這兩項科目的學習方式差異，得出一項結論。

對於Y先生來說，最適合大腦的學習模式並非以聲音為主的「聽覺型」，而是實際活動身體，觸摸肌肉的「觸覺型」。

Y先生面對自己不擅長的科目，努力想靠聽覺來記住學習內容。可是這種做法對Y先生來說卻是事倍功半。

我們建議他參考擅長科目的學習方式，多加活用觸覺來記憶他不擅長的經絡名詞。

結果，原本成績吊車尾的他，後來竟然以頂標分數通過考試。如今，他正式成為一名在東京執業的針灸師。

我們都和Y先生一樣，有適合自己的學習模式。然而多數人卻沒有意識到這件事，所以無法發揮最大的學習效果。

以上就是三種學習模式的運用案例。

這些案例大多來自我和學員的真實經歷，重點就在於善加利用自己優先驅動的學習感官，我建議各位謹記這一點，勇於嘗試各種學習法。我相信世界上一定有屬於你的大腦最適學習法，願你能順利找到它。

搭配次要學習模式，效果再升級

我想各位讀者已經明白，何謂「大腦最適學習法」了。以下將藉此分享更進階的大腦知識。

各位在前文測驗出來的結果，是最為基本的「主要學習模式」。雖然光是善用這項主要學習模式，便足以大幅提升學習成果，但如果想要更上一層樓，還有一件事情也很重要。

那就是「除了運用主要學習模式外，更要搭配次要學習模式」。

相信各位已經在前文的大腦檢測中，計算過自己各項得到的分數。現在請看看分數第二高的學習模式。如果基本學習模式屬於視覺類型，那麼第二高的分數就會是聽覺或觸覺型。

第二順位的學習模式，稱作「次要學習模式」。搭配次要學習模式，學習效果更是不同凡響。

先前提過，我們的大腦基本上透過五感接收外界資訊，只要能鍛鍊五感並加以活用，就能獲得更多的資訊。

這點套用在學習上也一樣；除了主要學習模式所使用的感官，搭配運用次要學習模式的感官，可以吸收更多資訊。

學習模式共有六種

因此考量到次要模式在內，學習模式總共有六種組合。

模式①——主要：視覺型　次要：聽覺型
模式②——主要：視覺型　次要：觸覺型
模式③——主要：聽覺型　次要：視覺型
模式④——主要：聽覺型　次要：觸覺型
模式⑤——主要：觸覺型　次要：視覺型
模式⑥——主要：觸覺型　次要：聽覺型

結合主要與次要學習感官，學習效果加倍！
6 種學習模式

No.	主要感官	次要感官
1	視覺	聽覺
2	視覺	觸覺
3	聽覺	視覺
4	聽覺	觸覺
5	觸覺	視覺
6	觸覺	聽覺

你屬於以上六種學習模式的哪一種呢？請務必從模式①至模式⑥之中，找出最適合自己大腦的模式。

確認模式後，即能透過主要學習感官和次要學習感官，發揮最大成果。

也別忘了前面提過，不同情況下，五感的優先順位可能會產生變動。即便你現在主要運用某個感官，也許過了一陣子，你會更常運用另一個感官。

多多活用次要感官，不僅可以作為上述情況發生時的保險，也可以提升次要感官的敏銳度。請各位務必參考前述各種學習模式，發揮次要感官進行學習。

第三章

先別急著學！事半功倍的學前準備術

學習的三個環節

了解適合自己大腦的學習模式後，接下來讓我介紹具體的學習方法。

許多人聽到學習法，腦中浮現的可能是與學習相關的技巧，其實事情沒那麼簡單。

想要獲得豐碩的成果，就必須做好相應的準備，凡事都是如此。例如疏於訓練的選手，不可能在正式上場時拿出理想表現；想在比賽中發揮應有實力，平時就得做足練習

學習也是一樣的道理。想要發揮最大的學習成效，準備就要夠扎實。

我認為學習可分成三個環節。

環節①：學前準備

環節②：學習時發揮最大成效

環節③：學後回顧

為了創造最大的學習成果，以上三個環節缺一不可。

從腦科學觀點出發，在各個環節採取最適用於大腦的方法，方能帶來最大效益。**所謂學習，絕對不局限於進行學習這項行為的當下**，這一點請各位銘記在心。

想在學習時發揮最大成效，得先從第一個環節，也就是「學習前的準備」開始著手。

這個環節要求訂出明確的目標，且清楚規畫達成目標所需的前提與學習時程表，為最大限度提升學習成果鋪路。

學習遲遲不見進展的人，原因往往在於經常不管三七二十一埋頭讀書，忽略了這個環節的準備。

然而這些人一旦在學習途中碰到較大的阻礙，便無法維持動力，學習就半途而廢了。

本章將為各位介紹，正式開始學習前該做什麼準備，並站在腦科學的觀點，解釋這些準備能帶來什麼樣的效果。

順帶一提，之後第四章會解說學習的第二個環節，也就是如何在「學習過程中發揮最大成效。我將分享我在大學準備多益時的開竅經驗，還有實際教導講座學員的學習方法。只要採用第四章提及的任何一項方法，專注力和學習內容的吸收程度都會急遽上升。

進入第五章，則會講解第三個環節，即學習後的回顧方式。無論學習過程中再怎麼專注，結束後是否確實重溫學習內容，將會造成天差地別的學習成效。

但實際上，我們鮮少有機會了解如何在學習後重溫內容。學校老師雖然常把「複習很重要」掛在嘴上，卻不曾指導我們如何複習。到底該怎麼做，才能最大限度提升學習成果呢？我將留待在第五章講解。

接下來，我會依照以上順序來介紹學習的三個環節。

提醒各位，任何一個學習環節介紹的方法，都建立於第二章測出的大腦類型之上。建議各位在閱讀過程中反覆提醒自己：「我的學習模式屬於○○，所以要採取這種方法。」這麼一來更有助於內化書中資訊。

學前準備不能省

接下來我會仔細介紹學習前必要的準備事項。

面對任何證照考試或升學考試都一樣，**想要獲得最大學習成效，最重要的是學習前做好準備**。

各項領域皆然，例如優秀的業務會在協商前徹底分析客戶資訊，提出有效方案；表現不佳的業務則是疏於準備，兩手空空上戰場，這樣要怎麼提出好方案？

運動圈也一樣。優秀的選手為了在賽場上發揮一二〇%的實力，練習時都會把自己逼到極限。**因為他們知道，正式上場時很難完全發揮練習的實力**。

這個道理也完全適用於學習，可惜有太多人毫無準備就開始念書，結果沒過多久便大受打擊，馬上失去熱忱。

舉個例子，你是否曾經下定決心要考張證照後，便直接到書店買些「看起來很有用」的參考書，回家後二話不說開始研讀？

然而，毫無準備就翻開書，最後還能念得不錯的，僅限於極少數人。以我個人的經驗來說，在準備不充分的狀態下開始學習，十之八九都會以挫敗告終。

大腦最適學前準備法

學前準備（Readiness）是心理學和教育實務上經常提到的名詞，意思是「為了達成學習成效而必須具備的背景知識、經驗，以及身心皆做好準備的狀態」。

反過來說，如果沒做好學前準備就貿然開始學習，非但效果不佳，甚至可能造成負面影響。

假設有群孩子對讀書興趣缺缺，縱使老師苦口婆心勸說，最後也只會讓孩子更提不起勁。這種狀態如果惡化，甚至可能演變成老師管不動學生的失序狀態。

這種時候，老師應該想辦法讓孩子打從心裡了解「學習這些事物的意義」「學會之後的好處」。

重點在於，必須讓學習者知道學習「對自己」的意義何在。唯有明白讀書是為了自己，才有可能建立正確心態。

本書所指的**「學前準備」**，即是幫助學習者先進入備戰狀態。半途而廢的人，原因大多無關天資優劣，也不關乎學習意願的高低，而在於學前準備不足。

那麼，到底該做好哪些學前準備，才能發揮學習的最大成效？

接下來介紹的方法不僅適用於我自己，也經我所開設的講座學員實證高效。此外，除了可以應用於證照考試或升學考試，也能幫助你提升平時工作的表現。請各位勤加練習，一定能夠納為己用。

學前準備步驟一：設立明確的目標

學前準備的第一件事，就是「設定明確的目標」。

乍聽之下理所當然，但其實不少人會在漫無目標的情況下便開始學習。設立目標是一切的開端，**這樣的目標將會成為激勵你持續下去的動力泉源**。此外，達成目標時的喜悅，更是難以言喻。

另外，許多人即便設立了目標，卻因為用錯方法，導致**目標定位不上不下**。這樣的煩惱，說不定就曾發生在各位身上。

你的努力是否有終點？

什麼是錯誤的目標設定方法呢？其中一個典型狀況即為「終點模糊不清」。

舉例來說，相信很多人都會下定決心：「我要考取○○證照」「我要考上○○大學」。坦白說，這離理想的目標設定方式還差得遠。

第一，這個目標沒有**「開始時間」**和**「結束時間」**，根本不清楚什麼時候要開始學習，什麼時候之前要通過考試。

目標不著邊際，大腦當然不會發出行動指令。

此外，「我要考取〇〇證照」屬於最終目標，然而**抵達最終目標前的中程目標卻是一片空白**。

前面提過，維持動力的竅門在於累積小小的成功。確實地逐一完成中程目標，就能創造小小的成功，進而化為動力。

最後一點，目標分成**「具象目標」**和**「抽象目標」**。

前者指的是可以量化為數字等具體事物的目標，例如「考試至少要拿〇〇分」。

後者則是指身心狀態、外在條件、環境狀況等無法以數據呈現的目標。舉例來說，我們絕不樂見用身體健康換取漂亮的分數，這種情況下，「維持身心健康的狀態，並且通過考試」就屬於抽象目標。

請各位務必明確分辨出這兩種目標的差異。

你的目標是否有意義？

確立目標時，第二種常見的錯誤方式是「沒有賦予目標意義」。換句話說，許多人之所以會在學習上半途而廢，是因為並沒有想像出正向的未來記憶。例如：「達成這個目標後，會有什麼樣的理想狀態等著我？」漏了這項因素，眼前的目標就會顯得虛無，一點也不踏實。

值得一提的是，這種狀況並非僅限於學習，工作也是如此。以業務為例，即便公司要求「陌生開發」[1]的成約數必須達到一定數字，這也終究只是公司指定的業績目標，對員工而言其實是不具任何意義的冰冷數字。如果沒能為此描繪未來記憶，思考這個數字對自己的意義，自然也難以積極行動。

賦予目標意義，能幫助我們為了達成目標而展開行動。不妨想像：「如果達到這個數字，公司的人會對我刮目相看，我就可以在公司裡實現自己想做的事情了！這麼一來升遷的大門會為我敞開，額外獎金、加薪不再是夢！」

學習的機制也一模一樣。設定目標後，一定要賦予目標意義。就腦科學的角度來說，「創造栩栩如生的未來記憶」是攸關學習成效的重大影響因素。

激發動力的目標設定準則

接下來我會介紹設定目標的具體方法，請跟著本書講解的步驟填寫「目標設定表單」。

【設立目標ＳＴＥＰ１】找出具象目標與抽象目標

第一個步驟要設定具象目標與抽象目標。

具象目標的欄位中，一定要清楚寫出開始時間與結束時間。如果想在證照考試中取得某個分數，清楚寫出目標數字也很重要。

抽象目標的欄位中，則要寫上無法用數字表現的身心狀態，還有你想達

1 對未曾接觸過的潛在客戶進行銷售。

到的環境條件。如果抽象目標不明確，你有可能會念書念到打亂原本的生活步調，甚至犧牲日常生活和工作。所以一定要明確訂定，避免以上情況發生。

【設立目標STEP2】設定中程目標

設定好具象目標和抽象目標後，接著要設定中程目標。如果說前兩者是終點，中程目標則相當於**邁向終點途中的路標**。設定好路標，你就能踏實朝著終點前進，不會感到迷惘。

建議**中程目標至少設定三個**，才能確保它們發揮路標的功用。

【設立目標STEP3】打造未來記憶

設定目標的第三個步驟，就是打造造未來記憶。這裡說的「未來記憶」是指**目標達成後的狀態**，我們要想像「如果達成目標，會有怎麼樣的美好未來迎接自己」。

未來記憶描繪得越鮮明，朝著目標邁進的意願也會越高昂。請在這個步

目標力求明確！

目標設定表

目標	具象目標
	抽象目標
中程目標	中程目標①
	中程目標②
	中程目標③
未來記憶	

驟，寫出自己光想都興奮不已的未來記憶吧。

提醒各位，營造未來記憶時，也要運用第二章測出的學習模式。

視覺型的學習者，可別只用文字描述，利用照片和圖畫呈現未來記憶更有效。將達成目標後的想像化為圖像，貼在家裡的牆上。用心做到這一點，視覺型會更有動力堅持下去。請務必試試看。

聽覺型學習者，我建議錄下自己念出目標的聲音，並利用瑣碎的時間播來聽。發揮聽覺優勢，幫助自己每天都意識到目標，自然就會常朝著目標採取行動。

觸覺型學習者，建議隨身攜帶令你聯想到目標的象徵物品或吉祥物，會是挺有效的方法。

我有個朋友曾經在決心要通過英文能力檢定時，買了一個充滿西洋風情的外國人偶，準備考試的期間總是珍惜地帶在身上，當作護身符。

聽說他在念書時，這個護身符也都會放在書桌上（他甚至表示，如果偷懶的話，感覺玩偶會兇他，害他不得不乖乖念書）。

果尤佳。

像這樣利用可以觸碰的物品，替學習行為附加意義，對於觸覺型來說效

學前準備步驟二：釐清前提

設定好有效的目標後，即可進入下一個階段：釐清前提。

乍聽之下，各位可能不太熟悉「前提」的意思。根據字典的定義，前提是指「一件事情成立的先決條件抑或基礎要求」。我在本書所說的前提，意思是**「為達成目標，所需的想法和行動、能力與其他相關條件」**。任何追求目標時需要的事物，都能概稱為前提。

前提的概念至關重要。以我每年透過講座和諮商等場合，親眼觀察超過五百名學員的經驗來說，**學習前是否能釐清前提，將會大大影響未來的結果**。

接下來，讓我談談實際的例子。

「前提」小差異，結果大不同

這則案例的兩位主角，是立志通過某項國家考試的T小姐和H小姐。她們都是精明幹練的職場女性，氣場強大，深受不少女性員工的仰慕。為了追求工作上的突破，她們決定挑戰國家考試。即使工作忙得不可開交，仍想辦法擠出時間念書，這份努力連我也甘拜下風。

開始準備考試一個月後，兩人的學習成效出現差異。T小姐無論工作或學習都全力以赴，甚至不惜犧牲睡眠時間，常常讀書讀到深夜。她的準備過程非常順利，考古題的應答表現無懈可擊，也會定期與我分享學習上的喜悅。

至於H小姐的學習方式，一言以蔽之就是我行我素。工作之外，她也很重視私人生活，在學習進度中不忘利用空檔從事個人娛樂。雖然考古題成績始終不見起色，偶爾也會感到焦慮，但還是堅持按照自己的步調。

半年後，H小姐成功考取了夢寐以求的國家證照。她不僅與我分享這則喜訊，還傳了證書的照片給我看。

而T小姐結果如何？很遺憾地，她的身心狀態在正式考試前就分崩離析，最後甚至索性放棄讀書。

原先學習順利的T小姐，怎麼會落得前功盡棄？

我心生疑問，實際深入詢問兩人後，發現問題出在她們心中對於考試的「前提」不同。

首先，**兩人安排學習計畫的方法有很大的差別**。

T小姐的讀書計畫排得密不透風，甚至壓縮了睡眠時間。換言之，她排定計畫的前提是**「空檔時間盡可能拿來念書」**。

盡力安排更多學習時間，看似是個好主意，然而計畫通常趕不上變化。例如一旦碰上加班晚歸，讀書時間就會比預期更少。即便想挪用睡眠時間來填補，長久下來身體也會吃不消。

T小姐就是因為累積太多壓力，導致身心俱疲，從此計畫完全走樣，再也讀不下書。

至於H小姐，則在排定計畫時留給自己較多緩衝時間。其前提是**「萬事**

不見得會跟著計畫走」，所以在安排讀書計畫時，也會預留一．三倍的時間。

如此一來，即便H小姐經常碰到工作需要緊急加班、私生活突然有急事，以至於沒有時間念書的情況，所幸事先預留緩衝時間，所以也不會造成過大的心理壓力，可以維持步調，繼續努力下去。

從T小姐和H小姐的案例可以知道，「前提」會對結果造成多大的影響。

T小姐安排讀書計畫的前提是「空檔時間盡可能拿來念書」，所以不惜犧牲睡眠時間也要讀書；至於H小姐的前提則是萬事不見得會跟著計畫走，所以安排計畫時留給自己一．三倍的寬裕時間。

在不同的前提下，T小姐的學習之路痛苦不已，H小姐卻獲得理想的成果。

自我檢測，看看你的前提條件是否可行

我想各位讀者已經明白，「前提」的可行性將對於結果造成多大影響了。

這邊要再次強調：「許多人都沒有意識到釐清前提的重要性。」。在設定好明確目標後，下一步請務必思考達成目標的前提。

以下將介紹我自己也經常使用的「釐清『前提』自我檢測」。

回答這些問題，有助於找出我們心中達成目標所需的前提條件。其中有些問題，各位或許連聽都沒聽過，但請盡量填寫越多條件越好（問題中的○○請代入你想達成的目標）。

列出「前提」的重點

這道自我檢測的重點是不能只寫正面的前提條件，也要明確寫出負面條件。從不同角度思考，能幫助我們大大提升達成目標的機率。

以Ｈ小姐為例，「萬事不見得會跟著計畫走」即屬於負面前提。雖說負面，但正因為有這樣的前提，她才能事先為讀書計畫安排喘息的餘裕。面對每個問題時，都要盡可能多列出前提。

回答完所有問題後，選出你認為特別重要的三個前提並打勾。

自我檢測！
幫助你釐清達成目標的「前提」

想釐清前提，先問自己這些問題
（請從正面、負面兩個面向填寫前提條件）

■「如果想要達成○○，必須滿足哪些條件？」
■「如果想要達成○○，需考量哪些因素？」
■「如果想要達成○○，事先必須注意哪些重點？」
■「如果想要達成○○，可能會碰到哪些阻礙？」
■「如果想要達成○○，至少該做到哪些事情？」
■「如果想要達成○○，有什麼事情絕對不能退讓？

想釐清前提，再問問自己這些問題
（請從正面、負面兩個面向填寫前提條件）

■「如果想要達成○○，有哪些事情必須堅持不能妥協？」
■「如果想要達成○○，有哪些事情絕對不能做？」
■「如果想要達成○○，有哪些事情不得不放手？」
■「如果想要達成○○，有哪些習慣不得不戒除？」
■「如果想要達成○○，有哪些有幫助的資源？」
■「如果想要達成○○，人物和資訊有哪些派得上用場？」
■「如果想要達成○○，有哪些可以事先做好的準備？」

至於判斷重要與否的基準，不妨試著想像，該前提會在追求目標的過程中帶來多大影響。

透過以上檢測表，找出達成目標所需要做到的前提，便能藉此構築理想的計畫。

學前準備步驟三：擬定「方略」

清楚寫出前提後，緊接著要根據前提擬定「方略」（ほうりゃく）。

想必很多讀者是第一次聽到方略這個詞。這是由日本腦科學專家——石川大雅教授所設計的概念，意指「掌握好欲完成課題、事項的前提後，進一步思考『前進的方向』」。

「學習方略」一詞也經常運用於教育學領域中，指的是為提高學習效果而採取的各種心理活動。本書所提的方略，則定義為「指出目標所在方向」。

前面已經聊過釐清前提的方法，接下來的步驟，則要根據各位填寫的前提（尤其是重要度排名前三的前提）來構思方略。

擬定方略時，要想像一個能夠滿足所有前提的前進方法。請注意，本步驟所構想的方略，必須完全參考上一個步驟寫下的前提，否則將會牛頭不對馬嘴。

我能理解下定決心學習時就會想要馬上翻開書的心情，但請克制那股衝動，在翻開書前明確規畫方略，這對學習成果影響甚鉅。

意識到學習的方向，才能朝著正確方向安排讀書計畫；反之，如果內心少了前進方向，學習就很容易「避重就輕」，具體來說即是自己搞不懂的部分就隨便讀，只投注心力鑽研有興趣或擅長的領域。這麼一來怎麼可能提升學習成果？

下一頁附上一張「目標達成進度」表單，逐一列出從設定目標到擬定方略的一連串流程。

訂定學習計畫時，請各位務必不時回顧「目標達成進度」，看清楚目標，勇往直前。

目標、前提、方略全都一目了然！
檢測你的目標達成進度

目標	具象目標
	抽象目標
中程目標	中程目標①
	中程目標②
	中程目標③
前提（前三重要）	前提①
	前提②
	前提③
方略	

學前準備步驟四：掌握整體觀

下一項步驟是「掌握整體觀」。

前面幾項步驟已經幫助你釐清目標，掌握必要前提，並找到未來前進的大方向；接下來要做的，則是從更全面的角度了解學習主題。

所謂掌握整體觀，就是了解目標領域的整體概況，抓住關鍵要領。

以會計師考試為例，如果是第一次報考，恐怕連要考哪些科目都不清楚。此外，大致所需的準備時間、每年合格率、近年考題和往年相比有何變化趨勢……這些都是必須釐清的問題。

尚未掌握整體狀況就開始學習，只會導致效率低落；在這種情況下安排讀書計畫，簡直形同繞遠路。

因此，首要之務是後退一步，好好看清楚「會計師考試究竟是怎麼一回事」，也就是掌握該領域的整體狀況。

接著，請找出該領域中最為重要的資訊，以及通過測驗的關鍵，例如合格者平均都花費多少時間準備、往年平均合格率……逐一搜尋資訊，是學習前必備的基本功。

現代資訊流通快速又容易查詢，就算不上書店，也能在網路上取得大量訊息。只要點點手指，不僅能輕鬆查到會計師考試的科目，也能找到眾多推薦書單和合格考生分享的應試祕訣。

掌握整體觀的實作練習

不過，想要更全面掌握整體觀，我推薦的第一個方法是「一次購買五至十本該領域相關書籍」。

買回來後，找出這些書籍的共通點。如果好幾本書都提到同一件事情，代表那很可能是該領域中非常重要的觀念。掌握必備觀念，有助於看清楚學科全貌。

以我為例，我前陣子研讀哲學時就採取了這種方法。為了有效掌握哲學的整體觀，我一次買了五到十本相關書籍，從中探索哲學概論。閱讀過程中，我感覺到大腦正在高效運轉，逐步針對哲學這項主題，構築起整體面貌：「原來哲學在時間軸上還可以分成古代哲學、中世紀哲學、近代哲學。常聽到的蘇格拉底和柏拉圖屬於古代哲學偉人，而柏拉圖是蘇格拉底的學生。柏拉圖的這個論點受到了蘇格拉底的影響……」

請注意，**這個階段千萬不能太深入細節**。此時的目的只有掌握整體觀，並不需要鑽研更具體的內容；在進入正式學習前如果讀得太細，甚至會造成反效果。

學前準備步驟五：模仿你的偶像

接下來，學前準備的過程進入步驟五：找出你的模仿範本。

模仿（Modeling）即為**「觀察學習」**。這個概念由社會心理學家艾伯特．班杜拉（Albert Bandura）提出，說明人類如何藉由觀察他人行動與思考方式，進而達到學習效果。模仿，是提升學習成效上至關重要的一項要素。

除非你的學習領域極其冷門，否則一定能找出其他已經達成目標的人。以剛才舉例的會計師考試來說，想必各位身邊或多或少有已經通過考試的前輩。而許多證照和升學的考試，通常也都能找出可請教的人。這樣的人，即可說是學習路上的「偶像」。

與其憑一己之力苦苦摸索，不如求取前人的智慧並善加利用，兩者的學習效果差距極大。

換句話說，所謂模仿，是一門從已經達成理想目標的偶像身上，學習祕訣的技術。

最好的方式即是秉持打破砂鍋問到底的精神，當面請教合格所需的知識和竅門。

合格者經驗談是最寶貴的資料。他們的分享中，肯定藏著書本和教材上看不到的真相，不妨盡可能從他們口中問出最真實的想法，包含艱辛的準備過程和失敗經驗。

現代網路和社群媒體發達，人與人之間能輕易取得聯繫。如果你要參加的測驗夠知名，想必也能找到不少撰寫應考書籍的作者。基本上只要鼓起勇氣，想聯絡多少人都不是問題。

不過這裡有一點要注意，**請盡可能模仿前提條件和自己比較相近的範本**。

例如「應考年度」就是其中一項前提條件：請教二十年前通過考試的人，恐怕就沒什麼參考價值。因為相隔了二十年，考試制度和科目很可能早就改朝換代，兩者面臨的狀況完全不一樣。模仿近幾年的範本，對於實際應考才有幫助。

假如前提條件相差太多，再怎麼模仿也可能無法作為參考。虛心求教於範本時，也別忘了確認彼此的前提條件是否相同。

單打獨鬥的人走不遠

每當我談到模仿主題時，總會有人認為：「這難道是要求學習時不要自食其力，必須仰賴他人的幫助嗎？」許多人似乎對於求助他人有些心理障礙，原因或許是不願意對學習上的前輩造成麻煩，也或許是認為請求幫忙很難為情。無論如何，不願借助他人力量達成目標的人，遠比我想像得還多。

然而我多年來從事腦科學顧問和職涯講師，親眼目睹無數學習者的案例後，可以斷言：**越想獨自處理所有事情的人，越不會順利**。**借助前人擁有的知識和智慧，就能大幅縮短達成目標的時間**。此外，越快達成目標，就能和越多人分享自己累積的知識和智慧。

不光是讀書，工作也一樣。

工作上始終做不出成績的人，往往會習慣靠自己解決所有問題。然而到最後解決不了的問題越堆越多，一延再延，等到察覺事情不太對勁時已經來不及處理，最後造成他人麻煩……我看過太多這樣的案例。要是能及早尋求上司和同事的幫助，也不至於惡化成嚴重的問題。

相較之下，產能高的人在推行計畫時往往不畏於「把別人拖下水」。他們會請別人支援自己不拿手的部分，忙不過來時也會果斷將工作託付他人，妥善借用眾人力量。

在這個過程中，最重要的是平時就要經營良好人際關係。有事請人幫忙時，對方才會欣然答應。

換個角度想，討厭的人找上門幫忙，各位想必不會樂於伸出援手。平時好好經營信任關係，關鍵時刻才有可能動員他人，請求幫忙時也就不再那樣難以啟齒。讀書學習的路上，請積極活用「偶像」的力量，幫助自己在最短時間內抵達目標。

學前準備步驟六：制定時程表

聊到最後，終於要來談談最後一個步驟：安排時程表，也就是具體規畫該怎麼準備考試。

首先讓我談談制定時程表時的三個重點。

時程表制定重點①：預留緩衝時間

第一個重點是預留緩衝時間，千萬別把行程安排得太緊湊。可以的話，最好事先設想預計可完成的時間，再乘上一．五倍，以此來安排進度。

當然，一．五倍的時間畢竟是最理想的情況，實際安排時也可以視情況稍微壓縮為一．二倍，這麼一來進度會容易安排得多。

為此，在制定時程時大致可分成兩個步驟：首先編排一份設想自己以「最快速度」達成目標的時程表。假設安排平日讀書兩個小時，周六可讀書四小時，這麼一來一周學習時間就是兩小時×五天＋四小時×一天＝十四小時。一個月有四周，每月學習時間約為五十六小時。這是一般安排時程表的方法。

但如果要預留緩衝時間，得採取不同的做法。

沿用剛才的例子來說，如果一個月必須安排五十六小時的學習時間，不妨先乘以一．二，也就是一個月必須保留約六十七小時用來學習。以六十七小時為前提去制定時程表，即是預留緩衝時間。

這種情況下，該如何重新規畫原先的時程表呢？

和一般的時程表相比，我們需要多留十一個小時。所以我們可以選擇將某個周六的讀書時間，從四小時拉長到八小時。

或者，假如目前周日都沒有排定讀書計畫，不妨就選擇其中一天作為預備日。只要那天能夠安排七小時讀書時間，就可以挪出緩衝用的十一個小時。

以上就是預留緩衝時間的方法。

當然，如果能夠按照進度順利學習，就沒必要刻意使用預留的緩衝時間。這段多出來的時數，可以拿去從事其他私人活動。

但計畫經常被突發事件打亂。即便沒遇上突如其來的工作或邀約，偶爾也會有想要偷懶的日子。將這些狀況列入前提，以一．二倍的寬裕時間安排時程表，就能保持情緒穩定。

時程表制定重點②：明確標記中程目標

本章前半提過，設立中程目標是維持學習動力的重要關鍵。人類對於太長遠的目標通常興趣缺缺，相對短期的目標反而較能全力以赴。

即便你現在的目標只有一個：通過六個月後的考試，但要維持動力整整六個月也不容易。既然學習時間有六個月，我們可以每兩個月安排一次模擬考，並訂下分數門檻，作為中程目標。這麼做將有助於維持高度學習意願，勇往直前。

請各位在思考最終目標之餘，也別忘了設定明確的中程目標。

時程表制定重點③：發揮回顧的功能

最後，請讓我強調一下許多人會忽略的關鍵：排定時程表後也務必時常回顧、調整。無論念書或工作，相信很少人會時時確認自己是否照著原先預定計畫執行。就像新年立下的新希望，興沖沖設下年度目標後，日後卻不再

制定時程表的重點

重點	說明
預留緩衝時間	以理想狀態 1.2 倍的時間為前提來編排時程表。
設定中程目標	在前往最終目標的路上，設定 3 個中程目標。
養成回顧的習慣	定期回顧時程表，分析成功與失敗的原因。

關注，往往回過神來才發現一年又要過去，連當初設立的目標都忘得一乾二淨。

學習上的回顧也是相同道理。少了回顧，就無法發揮時程表真正的功用。

回顧的目的在於「分析順利與不順利的原因，以便未來調整改善」。不斷改善，才能製作出更精確的時程表；時程表設計得越精準，通過考試的機率也越高。**如果很難做到每天回顧，那麼一周回顧一次也無妨**。請務必養成回顧的習慣，提升安排計畫的精確度。

學前準備步驟七：拉攏夥伴

本章最後分享的步驟，即是找到有相似目標的夥伴。

前面已經說明過借助他人之力的重要性。如果想在平時學習上活用這項觀念，最好的方法就是組織社群，邀請志同道合的朋友一起努力。例如透過臉書社團或ＬＩＮＥ群組等方式，建立互相報告各自進展的機制。

各位試過就會明白，這麼做可以為行動帶來強大的動力。社群成員之間不僅可以相互切磋，最重要的是能讓大腦不斷接收同伴的刺激。

「替代經驗」（vicarious experience）即是一項可證實社團力量的現象。**這是一種藉由觀察他人的行動、結果，同化為自我效能（self-efficacy）[2]的心理機制。**

研究已經證實，當人看到其他狀況與自己類似的人完成一項計畫，通常會覺得「我應該也做得到」，進而提升自我效能。

第二章提過，我在看到好朋友Ｈ的多益分數後決心奮發圖強，這種上進心正是源自於替代經驗。

「既然○○做得到，憑什麼我不行！」

你是否也曾受過這種想法的刺激，而動力大增呢？這就是替代經驗的效

2　可視為定義更加廣泛的「自信」，意指一個人能否相信自己可運用自身能力完成某件事。

學前準備總整理

項目	重點
設立明確目標	・明確訂出具象目標、抽象目標。 ・設定中程目標。 ・描繪未來記憶。
釐清前提	・透過自我檢測表，明確寫出前提（過濾出前三順位）。
擬定方略	・在釐清前提的情況下，決定前進的方向。
掌握整體觀	・確實了解學習領域的整體概觀。
模仿偶像	・以前提條件相近的前輩為偶像，加以效仿。
制定時程表	・掌握三個重點，安排時程表。
拉攏夥伴	・人數不多也沒關係，尋找志同道合的夥伴一起組成社群。

果。「體會」他人的成功經驗，有助於提升自我效能。

替代經驗的概念也可以應用於經營學習社群。夥伴之間互相報告進展，能帶給彼此替代經驗，提高成員的自我效能；而自我效能提高，就更有動力朝著目標前進，也就更不容易半途而廢。

我曾透過社群的力量，改善賴床的毛病。

有一陣子，我很想克服晚起的壞習慣，於是找了兩位客戶陪我一起進行「晨間諮商馬拉松」計畫，規定參與者必須每天早上七點上Skype開會。這個計畫大約執行了三個星期，我也因此成功養成早起習慣。

極力推薦各位讀者尋找目標相同的夥伴，組成社群。

人數不求多，三個就夠了。當然更多人也無妨，只是人數太多，相對管理上也更麻煩，反而會消耗多餘的精力。如果身邊沒有志同道合的朋友，可以上網搜尋性質類似的社團。社團為你帶來的助力，遠比你想像得還要多。

各位看完以上七個學前準備有什麼感想？做到以上所有步驟，學習效果將獲得飛躍性成長。就算只做到其中一項，也會大幅增進你的學習成果。先從自己能力所及的選項做起吧。

第四章

腦力全開學習法

學習重質多於量

本章會為各位講解，如何最大限度發揮腦力，提高學習效率。

若以一天為單位來思考讀書時間，會發現可運用的時數非常有限。假設每天學習四小時，剩下的二十小時就全被吃飯、睡覺、工作等事情塞滿。尤其對忙碌的現代上班族來說，想要大量增加學習時間簡直難如登天。或許有人會犧牲睡眠來換取讀書時間，但一路讀到這一章的各位讀者，想必已經明白這麼做絕非上策。

更重要的是「如何在有限的學習時間內，盡可能維持高度專注力」。

高度專注的精神狀態，我們稱為「心流」（flow）。

心流是由心理學家米哈里・契克森米哈伊（Mihaly Csikszentmihalyi）提出的概念，如今已普及各個領域。據說一流運動選手，甚至有辦法自行創造心流的狀態。

一旦進入心流，專注力便會提升到極限，幫助你發揮連自己都意想不到的實力，引發化學反應，宛如神靈附體一般，拿出精采絕倫的表現。

舉另外一個例子。各位可能聽說過，從車禍中死裡逃生的人經常這樣回憶千鈞一髮的瞬間：「當時世界好像靜止了。」這其實也是一種心流狀態。

我們有辦法在學習上刻意創造心流嗎？

刻意創造心流狀態

如果能隨時自行創造心流，相信學習就能更輕鬆。然而就連一流運動選手，也無法隨心所欲進入專注狀態，更不用說一般學習者。

不過，**只要勤加練習，就可能提升專注力表現**。

以我撰寫本書的過程為例，每當我寫得行雲流水時，就表示進入心流。此時既感受不到時間，靈感更是源源不絕湧現，執筆的雙手彷彿裝上了自動功能，停也停不下來。這種情況在我撰寫本書時發生過好幾次，而這時寫出的文章品質往往都令我滿意不已。

想要進入心流，關鍵在於「每次學習都要訂立明確的目標」。

大腦需要你下達清楚的指令。換句話說，學習時若漫無目的，大腦就不會認真運作。首要之務是釐清目標努力的方向，並創造能讓大腦集中注意力的最佳狀態。

不同大腦，有不同開關

重點來了。

請各位重新確認第二章測出的學習模式。活用大腦的學習模式及三種感官，即是進入心流狀態的鑰匙。

①視覺型

視覺型學習者容易因為視野出現干擾而分心。舉例來說，光是桌面雜亂無章，就足以阻礙視覺型進入心流，因此首要之務是整理書桌周圍環境，打造能夠專心學習的狀態。

除此之外，清空視線及周遭人事物，對視覺型來說也很重要。視覺人對於視覺接收到的資訊特別敏感，如果到了咖啡廳念書，通常會因為身旁路人的動作而無法專注，對於餘光瞥見的人影也會在意得不得了。

有鑑於此，視覺型最好選擇看不到其他人的座位，或是在較為封閉的環境念書，更有可能確保讀書時維持高度專注的狀態。

②聽覺型

聽覺型學習者對於聲音相當敏銳，因此經常被旁人說話的聲音和內容拉走注意力。

我建議這類人尋找可幫助自己集中注意力的背景音樂。以我為例，每當來到咖啡廳等公共場所工作或念書時，多半會戴上耳機聆聽雨聲白噪音，阻絕耳朵接收多餘的外界資訊。

各位可以多方嘗試不同音樂或聲響，找出最有助於集中精神的背景音樂。

有個推薦方法：在YouTube搜尋欄輸入「工作、背景音樂」，就會出現眾多搜尋結果，不妨從中挑選適合自己的音樂。

養成念書時搭配背景音樂的習慣後，未來聽到音樂時，腦袋就會自動打開念書的開關。音樂，成為進入心流的入場券。

有些聽覺型學習者也很適合在讀書時「和自己對話」。當他們自問自答，透過自己的聲音確認學習內容時，會更有助於吸收。

③觸覺型

觸覺型學習者可以透過活動身體，發揮更高的專注力。

舉例來說，有些人會在讀書時輕輕抖腳；也有人思考時右手會轉個不停，這些都是幫助自己釐清大腦思緒的方法。

根據不同的大腦模式
找出進入心流的開關

學習模式	開關範例
視覺	・屏除視覺干擾。 ・選擇相對封閉的學習環境。
聽覺	・搭配能集中精神的背景音樂。 ・自問自答。
觸覺	・用身體創造韻律感。 （用腳打節拍、手指轉圈圈等）

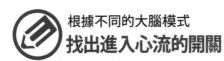

理想的單次學習時間

從腦科學角度來看，什麼才是最理想的單次學習時間？具體來說，我們應該每隔多久休息一次，才能讓大腦發揮最大專注力？

關於人類維持注意力的時間長度，至今仍眾說紛紜。有一說是兒童一次最多只能專注三十分鐘，而一般成人則可以達到四十至五十分鐘。

不妨將學習時間對照為學校課堂的時間長度，思考看看：國小和國中的一堂課是四十五至五十分鐘；上了大學後，平均每堂課時間則拉長到九十分鐘左右；極少數的情況下，一堂課甚至可能長達一百二十分鐘。

以此為依據，我設定自己的**單次學習時間，最長不超過九十分鐘**。每隔九十分鐘就休息一下，起身眺望戶外的景色，放鬆心情；休息完再設定九十分鐘的念書時間。

各位不妨嘗試將自己的單次學習時間，控制在九十分鐘以內。

為什麼要休息？

話又說回來，為什麼我們需要休息？

這就必須提到認知科學的「注意力恢復理論」（attention restoration theory）。該理論主張，縱然可能存在個體差異，但人的專注力（即注意力）基本上是有限的。當長時間面對需要持續集中注意力的工作或事務時，大腦和身體就會逐漸疲乏。

你可能也有過這種經驗，長時間坐在電腦前或書桌前專心工作、讀書之後，突然感到一陣強烈的疲勞。這就是專注力下滑的警訊。無論專注力再怎麼高昂，都不可能永遠持續不斷。

此外，根據研究結果顯示，當我們陷入疲勞狀態時，可能會發生以下情形。

- 產生負面情緒

- 焦躁不安
- 對於情感的感受變得遲鈍
- 無法同理他人感受
- 容易發生意外事故

當注意力恢復理論應用於學習領域時，最重要的一項原則是：**每個人的專注力不同；專注力會大大影響人的績效**。

多數上班族並沒有察覺自己專注力的極限所在，他們只是單純地在別人設定好的時間內，處理別人設定好的工作。

但根據這項理論來看，若專注力低落，工作效率自然也相當有限，反倒可能陷入「花費大把時間，效率卻不怎麼樣」的困境。

你的情況又是如何呢？是否能夠好好控管自己的專注力，在工作和念書時保持高效率的狀態？當注意力渙散時，是否有所自覺，並想辦法恢復精神？

你或許聽過這樣的主張：「早上最適合處理需要專注的創意工作」，這其實有其道理，畢竟早上尚未消耗過多精神，更有可能在專注力較高的狀態下面對工作。然而這項做法的效果最終還是因人而異。假如生活步調不同，就不見得適合自己。

在時間有限的情況下，我們很容易選擇拉長單次學習的時間；但以腦科學觀點來看，更聰明的方法應該在有限的時間內，發揮最高的效能。

大腦的勞動興奮

那麼，該怎麼有效活用大腦的運作機制呢？有一種心理作用稱為「勞動興奮」，用來描述當人開始處理某事時，注意力逐漸集中起來的心理現象。

各位或許曾有過這樣的經驗：即便是令人厭煩的工作，但只要硬著頭皮開始做，還是會越做越起勁，越來越專心。

這種現象就是勞動興奮。以腦科學角度來說，這正表示掌管快樂情緒的腦內物質——多巴胺正在分泌。

當我們學習時，也可以善用勞動興奮的效果。

簡單來說，如果想要創造高度專注力，「一開始的五分鐘」最為關鍵。若能在這段時間打理好集中精神的環境條件，之後腦袋就會半自動進入勞動興奮的狀態，幫助你在學習中發揮高度注意力。

重點在於盡早踏出學習的第一步。只要是人，難免會產生「好麻煩」「今天不想讀書」等情緒。

然而，一味順從這些感受，學習將會遲遲無法進步。勇於踏出第一步，反而能從看似乏味的作業中找出樂趣。

提不起勁時，跨出第一步的訣竅

那麼，哪些注意事項能讓我們更順利跨出第一步？重點就在於「創造學習模式的開關」。

舉例來說，男性商務人士或許會有共鳴：每天早上起床吃完早餐，準備出門上班前，只要繫上領帶，就會馬上切換成工作模式。在這個例子中，繫領帶的行為就是啟動工作心態的開關。

有些運動員也會在穿上隊服後神情驟變，成為一名進入備戰狀態的選手。

我們的大腦有個特色，可以藉由某些特定契機而切換運作模式。學習上也可以運用這項機制：事先打造專注模式的開關，就可以隨時切換心理狀態。

再次提醒大家，**建立開關時，請務必參考第二章測出的學習模式，才能達到事半功倍的效果。**

請各位參照自己的大腦學習模式，找出設定開關的方法。

①視覺型

視覺型學習者當然最適合活用視覺優勢，設定學習模式的開關。

讓我舉個實際案例。S小姐是我的講座學員，為了考取不動產相關證照而勤奮念書。她的大腦學習類型屬於視覺型。很特別的是，每當她開始念書前，都會看看手機裡的照片來鼓舞自己——那是東京某知名度假飯店大廳的照片。她決定如果考過了，就要獎勵自己去那裡放個假。

S小姐當時的例行公事，就是看看照片，告訴自己：「今天也要專心念書！」藉此打開學習開關。

這即是一種活用自己的學習模式、達到學習效果的範例。

②聽覺型

對聽覺型學習者來說，最輕鬆的建立開關方式，就是借助「聲音」的力量。

如同前文反覆強調過的，我在念書時會播放雨聲作為凝聚注意力的背景音樂，不過在開始念書前，我也會聆聽喜歡的歌曲，藉此打開開關。

這些歌曲可以激發動力，帶我做好念書準備。接著只要一坐在書桌前，我就會切換成雨聲背景音樂，開始專注念書。

如此這般，我會依據「學習前」「學習前」不同階段，各別使用「打開學習開關的背景音樂」和「提升學習專注力的背景音樂」。

不過，是否需要根據目的區分不同開關，完全因人而異。

重點在於找到對自己有效的背景音樂，並且運用得淋漓盡致。如果只聽一種背景音樂就能迅速切換模式、進入心流，那當然是最有效率的做法。

③觸覺型

對於觸覺型學習者，我建議「找個吉祥物當作開關」。

所謂吉祥物，可以是保佑自己考試合格的護身符，也可以是任何喜歡的物品。

我就認識一位觸覺型學習者，平時工作都使用一般文具店販售的平價原子筆，然而一旦要開始研讀證照參考書時，就會改用萬寶龍鋼筆。他表示：「拿起萬寶龍鋼筆，讀書的幹勁都來了。」

觸覺型學習者不妨選擇手邊的文具或隨身物件作為開關，如此一來，就能輕鬆透過觸摸物體來進入學習模式。我建議各位多方嘗試，找出屬於自己的開關。

以上就是各個學習模式建立開關的案例。

當然，上述方法固然有可供各位參考之處，但別忘了那終究是屬於別人的方法，最重要的還是找到適合自己的切換開關。

每個人都有屬於自己的專用開關。若還處於摸索階段，也不必心急，盡情嘗試各種可能就對了。當你打開學習的開關後，只要善用大腦的「勞動興奮」機制，即能在開始學習的五分鐘內上軌道。

腦科學認證的瑣碎時間活用法

善用瑣碎時間進行高效學習，也是提升學習成果的關鍵之一。

找出屬於你的方法！
創造進入學習模式的開關

視覺型

觀看能夠具體呈現「未來記憶」的照片。

聽覺型

聆聽能幫助自己進入學習模式的音樂。

觸覺型

把自己喜歡的隨身物品當作開關。

活用瑣碎時間的重點在於「事先決定好瑣碎時間要做的事情」。例如「背單字」「聆聽有聲教材」「背專業術語」

這個方法的效能，是有腦科學依據撐腰的。

大腦的前額葉（位於額頭一帶）掌管工作記憶，相當於大腦的指揮台，我們採取的行動，全部取決於前額葉發出的指令。

雖然前額葉在學習時運轉得非常快速，但假如事先沒有決定好瑣碎時間要做什麼事，前額葉就會耗費更多功率去「尋找瑣碎時間要做什麼」。我們可能毫無自覺，不過這些看似無謂的瑣事，其實就足以讓前額葉快速運轉；說穿了，就是在浪費前額葉的效能。

事先安排好如何利用瑣碎時間，前額葉的功能就可以充分發揮在該學習的事情上。

我建議各位從條列清單開始做起，寫出瑣碎時間的待辦事項，避免大腦浪費多餘的能量。

瑣碎時間適合這樣學

關於瑣碎時間的待辦事項，我建議安排性質單純的反覆學習，例如背單字、背公式。

因為瑣碎時間大多出現於移動中的通勤路途。在這種情況下，就算你自認為能夠保持專注、不受外在環境干擾，實際上大腦仍必須挪用許多精力來顧慮周圍。

舉例來說，搭電車時，必須不斷確認自己現在搭到哪一站、離下車還有幾站；站著看書時，勢必會忍不住確認有沒有人準備下車，空出位子；如果身旁的乘客聊天，說不定還會不由自主偷聽他們的對話內容。

由此可見，電車上其實處處是分散注意力的要素。假如在這種狀況下思索複雜的數學應用題，很可能會因為時間與心力不足，想到一半就得下車，明顯是效率不彰的做法。

瑣碎時間的學習內容，越單純越好。

便利貼醒腦術

「奇怪？剛才明明想到一個好點子，怎麼一下就忘了！」

各位有過類似經驗嗎？讀書讀到一半靈光乍現，原本打算過一會兒再寫下來，結果靈感卻一去不復返，後悔莫及。

為了防止大腦和自己唱反調，我總是隨身攜帶便利貼。念書時突然冒出任何想法，我都會記在便利貼上。

其實在學習過程的刺激中，腦袋經常會浮現許多想法，甚至湧現突如其來的靈感及幹勁。這時候不妨將所有念頭都寫在便利貼上，以防忘記。就算是看似枝微末節的瑣事，也不妨逐一如實記下。

話說回來，為什麼大腦竟會忘記這些「好點子」呢？這樣的特性，其實與前文提到的工作記憶有密不可分的關係。

掌管工作記憶的前額葉有幾個特徵，其中之一就是只能維持二十秒的記憶。這是因為工作記憶的功能是儲存暫時記憶，而非長期記憶。

之所以會忘記上一分鐘想說的話、想做的事，其實是因為存放在前額葉的暫存記憶「過期」了。

好不容易想到的點子卻眼睜睜看著它不見，未免太過可惜；想不起某件事情的悔恨更是無以名狀。為了防止這種狀況，我建議各位身上常備便利貼，把學習過程中浮現的任何想法即時寫下。

制約大腦，讓你加速進入狀況

前文提到，我們可以善用視覺、聽覺、觸覺，來建立切換心理狀態的開關。

但其實除了利用以上三種感官以外，還有其他方法可以幫助自己迅速進入備戰狀態。

那就是為學習場所訂定附加條件，也就是心理學所稱的「定錨效應」（anchoring effect）。

具體來說，即是告訴大腦「這個地方是拿來學習的」。這麼一來每當你抵達該場所，就會自然進入學習狀態。

定錨效應的概念其實並不複雜。首要之務是**指定一個專門用來念書的地方**。指定的場所越具體，定錨的效果就越強。固定在同一個地方念書，長期下來，腦袋就會下意識認定「這裡是拿來學習的場所」。

就連平時看似漫不經心的行為，也會產生定錨效應：假設平常都和同事在公司餐廳吃午餐，過一段時間後，你會習慣固定坐在某個位子，只要坐在熟悉的座位就會產生安心感。我大學時就經常和朋友到學生餐廳吃飯，每次幾乎都選相同的地方坐下，現在回想起來，那正是受到定錨效應影響，而養成在同一個地方吃午餐的習慣。反過來說，當學生餐廳客滿，沒辦法坐在老地方吃飯時，就會坐立難安。

那麼，我們可以如何運用定錨效應來制約大腦呢？我建議各位挑選一家喜愛的咖啡廳或學習空間，並盡量多去相同的場所念書。**定錨效應越強，你就越容易集中精神，進入學習模式**。光是做到這一點，就足以強化進入學習模式的神經突觸。

強化制約的訣竅

想要進一步強化定錨效應，其實有個簡單的小技巧。

以固定念書的座位為例，在坐下前仔細瞧瞧這張椅子，並告訴自己：

「我接下來要坐在這裡念書了！」

不必大聲說出口，以自己聽得見的音量傳達這份意志，就可以幫助自己做好讀書的心理準備。

生活中大多數時候，我們都不會特別意識到自己當下正在採取的行動。因此，刻意說出口提醒自己，就有助於打開大腦的學習模式開關。

根據腦科學機制，做到「場所定錨」和「言語提醒」，會更容易進入學習狀態。

數位排毒，屏除干擾

念書時總會出現許多干擾，分散我們的注意力。奪取現代人注意力的大敵，莫過於電子產品，而影響最嚴重的非手機莫屬。相信各位都有這樣的困擾：不過隔了一下子沒查看手機，螢幕就跳出好幾則通知，信箱和LINE的各種提示音效響個不停，害我們遲遲無法集中精神。

面對這種情況，我們可以進行**數位排毒**，打造一個能專心做事的環境。具體做法非常簡單，關閉電子產品（手機可調整為飛航模式或關閉通知音效），隔絕任何數位訊息。

我想要集中精神好好念書時，就會開啟手機的飛航模式，拒絕接收通知。等書念完後再關閉飛航模式，絲毫不花任何時間和心力。看似芝麻綠豆大的小動作，其實蘊藏極大的影響力。

畢竟注意力一旦渙散，要重新集中就格外費神。如果事先排除潛在干擾，就能降低注意力被分散的風險。在你進入學習模式前，請先做好數位排毒，打造可以專心念書的環境。

系統化學習，大幅飆升吸收效率

把手邊的資訊加以整理、建立組織系統，吸收效率也會有飛躍性的提升。我稱這種方法為「系統化學習」。

請各位想像一下，學習並不是只有點跟點之間的連結，更要將點連成線，進而用線織成面。

舉例來說，假設你看到一則和國際情勢有關的報導，得知某大型外商企業宣布將聯手國內某大企業。這樣的資訊只是「點」，僅代表外商即將與本土企業合作一事。

系統化學習需要更深入的探討。必須解析國內外企業聯手的背後有何脈絡可循、隱藏著什麼樣的影響。

例如深入了解後會明白，這則資訊背後潛藏的不光是兩家企業的問題，還可能衝擊到國內特定產業。具體來說，該日本企業原本會發不少訂單給當地下游廠商，但聯手國外企業之後，可能會有少數甚至大部分的訂單轉配給國外廠商。

這麼一來會發生什麼事？不難想像原先承攬的下游廠商業績惡化，甚至可能出現不少走投無路的企業，關門的關門，倒閉的倒閉。這下子該產業以外的人也無法置身事外，因為其他和該產業關係密切的企業，也很有可能受到波及。既然已經預料到這些情況，那麼自己公司又該採取什麼樣的對策？

以上故事雖然是虛構，不過各位讀者應該能從中感受到，現實的經濟局勢確實正面臨相同的處境。從更全面的角度整理這一連串資訊，就是系統化學習的意義。

換句話說，這是一種「**解析各個單點資訊背後脈絡**」的行為（請參照第一六〇圖表）。

善於系統化學習的人，總是能掌握自己所處的位置，並以此為圓心來綜觀資訊，絕不迷失方向。

我也經常採取這種系統化學習，即便研讀資訊錯綜複雜的領域，也能藉此掌握重點。

實踐案例：歷史達人的學習法

我認識一位非常喜歡歷史的E先生，只要碰到任何有關歷史的問題，他都對答如流，擁有相當驚人的豐富知識和資訊量。如果你問他：「你對日本江戶時代的教育體系有什麼看法？」包準他口若懸河，還會補充描述問題之外的相關資訊，且說明十分淺顯易懂。然而，看他在其他領域的學習和工作表現，絕對想不到他記憶力竟有這麼好。

我很好奇E先生是怎麼學歷史的，所以曾經向他請教一番。聽了他的分享後，我發現他的學習方式正符合系統化學習。

E先生學習時有個特徵：「不僅學習日本史，同時也學習世界史」。

學習的同時整理資訊！
系統化學習的益處

✕ 傳統的學習

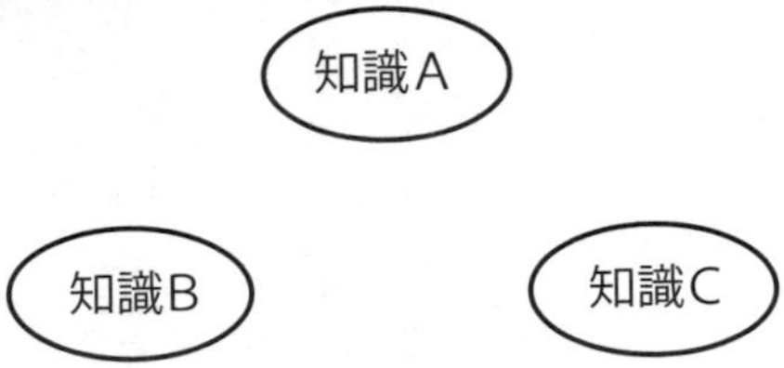

每項知識或資訊獨立存在，互不相干。

○ 系統化學習

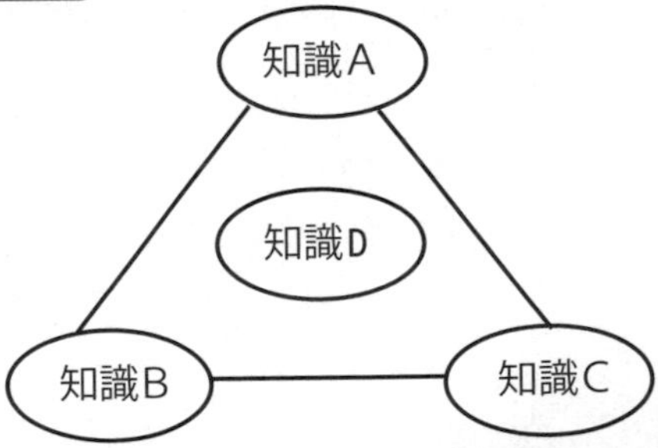

知識與知識之間經過梳理後產生連結，並藉由分析脈絡和背景，創造全新的知識（知識 D）。

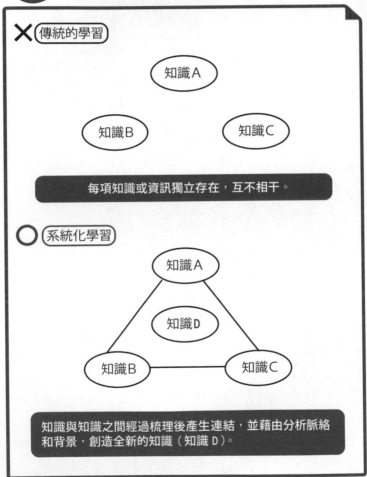

我問他為什麼採取這種方式，他說：「日本發生的事情多少受到世界的影響，如果不了解這些因果關係，只學習日本史的話，就無法掌握歷史的全貌。」

這種方式即是系統化學習所強調的「掌握脈絡」。

我們過去在學校所受的教育中，日本史和世界史是分開的科目，這種教學方式沒辦法掌握歷史的全貌，畢竟，日本史歸日本史，世界史歸世界史的思維，在思考框架上等於是以單點角度來看待歷史事件。

然而，許多日本歷史的起因是源自於外國發生的事件，反之亦然。因此，採用E先生的方式，即能了解世界史和日本史的因果關係，並且以故事形式促進記憶。

用故事理解歷史的來龍去脈，能夠大幅提升對於學習內容的熟悉度。

我相信很多人都有過這樣的經驗：看完歷史改編的影視節目後，才終於搞懂歷史課本上一知半解的事件。這就是故事的力量——幫助我們在不知不覺間吸收資訊，有效理解事物。

然而，在大多數人的成長背景下，能夠採用E先生方法的人畢竟少之又少，學校的教學方式多半為「乖乖坐好聽老師上課」「回答問題要有精神」等僵化教條。像E先生這樣，長大成人後還能在鑽研興趣之餘培養出有效學習方法的人，簡直是相當罕見的案例。

不過正在閱讀本書的你不一樣。從現在開始，平常念書時多注重系統化學習，相信你的學習效果也會因此飆速成長。

後設思考，擺脫負面迴圈

學習路上總會碰到瓶頸。你可能會怨嘆自己都已經這麼用功了，怎麼還是沒什麼效果，進而迷失自我，不知道該學習什麼才好……沒有什麼事情比努力卻得不到結果還要痛苦，甚至有不少人因為受不了這份苦楚，而選擇逃避眼前的學習。

碰到這種情況時，我希望大家務必嘗試「後設認知式思考」。

所謂的後設認知式思考，可以解釋為「綜觀自己所處狀況或困境的思考方法」。

若養成後設認知式思考，即使學習碰壁，一時之間不知道下一步該往哪裡走，也能找到解決方法。

其實我們對於自己的想法和思考模式幾乎一無所知。自己有什麼樣的思考習慣、什麼樣的情況下效率較高，而什麼樣的情況下效率較低……大多數人平常行動時，很少會關注這些事情，因為我們有四〇%的行動是被自己的習慣所掌控。

試想一下，早上起床到抵達公司之間的例行通勤、上班時的工作內容、下班後回家的路線，接著回家後一直到睡前的種種行為，我們是否總是按照類似的生活節奏度日呢？

這麼一想，你應該會發現生活中的確有很多行動，是出於無意識的習慣。

習慣很方便，讓我們無需動用到意志力，可以避免在不必要的思索上浪費精力，藉此減少大腦耗能。

但換個角度來想，這是否也等於放棄思考？工作也好，學習也好，每當我們陷入困境時，或許浮上檯面的問題似乎大不相同，但其實我們根本一直在同一個框架中兜圈子。

前面提過，越頻繁使用的神經突觸也會越強壯，進而強化既定的行動模式。而這個現象，也適用於負面的行動模式。

換句話說，一再經歷相同的窘況和負面情感，也會強化這些事情的神經迴路。

你得先注意到自己陷入了同樣的模式，才有可能跳脫。

為了察覺自己陷入了什麼模式，你需要能客觀審視自己思路的後設認知式思考。

陷入窘境時採用「後設認知式思考」

✕ 以往的思考

能力不足，
是不是我太
笨了啊……

否定自己的能力，譴責自己，害自己陷入負面思考的循環之中。

○ 後設認知式思考

誰會知道怎麼解
決這個問題？我現
在面對的課題又
是什麼樣子？

綜觀自己的情況，覺察自己的思考模式和面對的課題。

善用後設思考的提問術

到底怎麼做，才能發揮後設認知式思考的效果呢？其實提示就藏在我們的大腦裡。

我們平時就會參照自己的記憶，賦予眼前的事物意義，採取行動。

拿「每天早上通勤」這件單純的事情來說，由於腦內已經儲存了通勤所需的記憶，我們才能採取適切的行動。

倘若腦內沒有相關記憶，例如你剛轉調工作，還不熟悉新環境，那麼上班時應該會用手機或地圖查詢怎麼到公司吧？聽起來很理所當然，不過「時時參照記憶」的行為，對我們來說就跟呼吸一樣自然。

想要參照記憶，我們必須觸發腦內的某個開關；正因為我們腦袋有這個開關，才能撈取自己的記憶。

這個開關是什麼？答案是「提問」。

想像成Google的搜尋功能會比較好理解。假設你正在尋找東京車站附近的義大利餐廳，應該會在搜尋欄位中輸入「東京車站」「義大利餐廳」等關鍵字。按下確認後即可瀏覽符合的搜尋結果。

簡化來看，腦內機制就和 Google 搜尋功能一模一樣。

上述例子中輸入關鍵字的行為，換到大腦就等於「提問」。**提問會促使大腦搜尋記憶，而從記憶推論得出的答案，便會化為我們外顯的行動**。

接下來才是重頭戲。所以**觸發後設認知式思考的關鍵，在於對自己「提問」**。

我想大多數人平時並不會意識到自己問了自己什麼問題，就算提出的問題會影響自己的表現水準，也渾然不覺。

相較於此，我們更常聚焦於表面的「結果」，擅自做出以下解釋。

「我的執行力還是不夠……」

「我才疏學淺，知識完全不足……」

然而事實並非如此。結果出現之前，肯定有一段「過程」。**以腦科學的角度來說，那個過程即等於「提問」**。

所以想要透過後設認知式思考俯瞰自己的整體狀況，我們需要提出良好的問題。

我也曾經為了實踐後設認知式思考，一一列出腦中所有不斷盤旋的問題。我將這些問題區分成**可以刺激自己行動的「有效提問」，和阻礙自己行動的「無效提問」，並且主動選擇有效提問**。

當你在面對毫無頭緒的學習問題或課題時，就算問了自己幾萬遍「怎麼辦？該怎麼做才好？」也不會有實際的成果。

這時應該要改問：「誰有可能知道怎麼解決這個問題？」

改變問題的形式，才能有效運用腦內的資料庫。這種觸動後設認知式思考的提問行為，稱作**「後設認知提問」**。

下一頁列出了我平常採用的後設認知提問。**各位讀者在學習上碰到瓶頸時，請務必參考這邊列出的後設認知提問**。而且最好平時就不斷對自己提出可以提高效率的問題。

發揮提問的力量！

後設思考提問術

Q. 如果有人可以解決現在發生的問題，那個人可能是怎麼樣的人？

Q. 現在發生的事情會對我造成什麼樣的影響（衝擊）？

Q. 如果我對現在發生的事情感到不安，那是怎麼樣的不安？

Q. 我所抱持的恐懼和不安等負面情緒，到底源自於什麼事情？

Q. 隱藏在負面情感背後的動機和需求究竟是什麼？

Q. 我是不是因為不了解什麼事情，或沒有搞清楚某些問題才會陷入這種狀況？

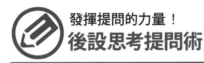

題外話，近年來大家常常討論人類的工作會被ＡＩ取代，不過我和一位研究ＡＩ的大學教授談話得知，ＡＩ並沒有提問的能力。和Google一樣，科技回答問題的速度固然是人類所望塵莫及的，但科技終究沒有提出問題的能力。

人人視為理所當然的「提問能力」，其實是人類特有的寶貴能力。

我們應該更加認真看待這項能力，並且發揮更大的效果。

第五章

好記憶力，是回顧出來的

強化記憶的回顧練習

本章旨在講解讀完書後的「回顧學習」。

想必各位十分疑惑，念完書後真的有必要回顧嗎？老實說，我其實最為重視學習後的回顧。

我雖然經常在講座和諮商場合上扮演輔助他人的角色，但為了充實自我，我也經常參與各式各樣的講座和研討會。

這種時候，我不是聽完講座就作罷，一定會回顧講座上學到的內容，並牢牢記在腦海裡。

這一章我會分享我自己實際採用的「回顧學習方法」，希望能幫助各位提高回想起學習內容的能力。

話說回來，為什麼我們需要回顧？因為人是學過就忘的生物。第一章提過艾賓豪斯的遺忘曲線。研究結果顯示，我們在學習結束後二十分鐘就會遺忘四二％的內容，一小時候會忘記五〇％以上的內容。

正因為我們的大腦有這樣的特色，所以我認為**必須同時進行記住與想起內容的訓練**。

而為了提高想起內容的能力，其中一項有效的方法是**安排定期回顧的機會**。

多回顧幾次，學習內容就可以從短期記憶轉化為長期記憶。屢次送進腦袋的資訊，會被負責區分短期和長期記憶的「海馬迴」視為「重要資訊」，並納入長期記憶區。

因此回顧有助於將學習內容轉變成長期記憶。背單字和數學公式這種比較單純的反覆學習，更容易看出回顧的效果。

寫下你的「回顧筆記」

關於回顧的方法，我推薦書寫「回顧筆記」。

我參加講座或學習其他事情時，都會製作回顧筆記，幫助自己牢牢記住內容。回顧筆記的好處如下。

第一個好處，可以促進短期記憶轉換成長期記憶。

當你有越多機會回顧學習過的內容，那些內容就更可能轉存入長期記憶；轉存至長期記憶區，未來也更容易回想。如此一來，便會對你的考試表現帶來正面影響。

第二個好處，回顧筆記可以幫助你有系統地整理資訊。

第四章已經提過系統化學習的重要性。這種學習方法不是只捕捉單點資訊，更要將各點串連成線，並勾勒出面。建造立體結構，組織化所有資訊。而製作學習筆記可以充分發揮系統化學習的效果。

不妨透過回顧筆記，整理之前學到的內容，資訊跟資訊之間就更容易產生靈活的連結，促進靈光一閃，發現「原來這個單元的內容，和這一次學習的內容有這種關係」。

這種天外飛來一筆的靈感和發現，對我們的大腦來說可是珍貴無比的資源。因為冒出靈感、有所發現的瞬間，通常都伴隨著情感。而伴隨情感的學習可以刺激大腦，知識會昇華，更具衝擊力。系統化學習可以帶給我們更大的啟發。

第三個好處，製作回顧筆記一天只會花上你五分鐘的時間。

我們不需要耗費幾十分鐘，只要在結束一天的學習後，馬上翻開回顧筆記，快速重溫剛才學習的內容即可。

時間大約五分鐘就夠了。如果花太長時間回顧，大腦反而會覺得很麻煩，導致你躲避回顧的機會。

至於書寫回顧筆記的時機，最好是讀完書後馬上開始。如果有辦法養成睡前回顧的習慣，也可以睡前再整理回顧筆記。只不過想要改變習慣並不是件容易的事。

假設一天念書時間兩小時，那就在讀完兩小時的書後馬上寫回顧筆記，如此可以省下之後特地打開筆記的麻煩，養成自然而然「讀書後回顧」的習慣。

為了養成習慣，請要求自己「念完書後立刻回顧五分鐘」。

「回顧筆記」的大小

接下來要告訴各位回顧筆記裡頭的詳細內容。

先從筆記本的尺寸來說，總之挑自己喜歡的大小就好。偶爾有人會問我：「可不可以用自己習慣的記事本備註欄，充當回顧筆記？」我不太建議這麼做。最好準備一本專門寫回顧筆記的筆記本，才能專心回顧學習重點。

筆記上若出現行程表之類的多餘資訊，對大腦來說都會造成干擾。而且回顧時很可能因此分心，開始在意自己「隔天有沒有什麼安排」。注意力一旦分散，回顧就得從頭來過了。

順帶分享，我自己喜歡用Ａ４大小的方格筆記本，尺寸比一般筆記本大，筆記本空間大一些較方便書寫。

由於我的次要學習模式為視覺類型，所以字通常寫得比較大，並且書寫時會區分顏色，提高回顧的效果。

不過前陣子我在講座上分享這件事情時，有位女性學員告訴我，女生會背出門的包包大多裝不下Ａ４大小的筆記本，因此有些人會選購較小的筆記本當作回顧筆記，比較容易放進包包。

既然花錢買了回顧筆記，擺著好看豈不浪費？像這位小姐的顧慮也很值得參考。

「回顧筆記」上該寫什麼

接下來介紹回顧筆記內該寫的內容。

①日期

②今天學習的重點

③發現的事情

④想要深入學習的部分和問題

不妨先參考以上四點來製作回顧筆記。

無論面對任何事情，跨出嶄新一步的訣竅都是「降低心理門檻」。剛開始嘗試新事物時，任誰都會卯足全力，花費各種心思。但一開始的興致越高昂，計畫往往也越容易中途受挫。若還沒習慣就設立複雜規定，大腦只會嫌麻煩、難辦，進而選擇迴避。

前面提過，我曾經為了擺脫早上賴床的毛病，約了當時的學員一起進行「晨間諮商馬拉松」。多虧了那為期三周的計畫，我成功克服了早起障礙。現在回想起來，晨間諮商馬拉松其實內容相當單純，而這也是計畫能夠持續下去的一大原因。

這個三人社團只有一條規定：「早上七點連上 Skype 就對了」。這個簡潔有力的規則無可挑剔。假如增設條件，例如「前一天晚上八點前，事先聯絡社團成員決定早上要討論的主題」，這個社團恐怕無法運作得這麼順利。

雖然事先提出學習內容對於研討會本身很有幫助，但當時的首要目的應該是「培養參加者早起的習慣」。根據這個目標來看，前一天有沒有提出主題就不是那麼重要了。

一開始盡量降低行動門檻，養成習慣後再慢慢提高。我透過自己的經驗，體認到簡化運作機制才是持續行動的祕訣。

所以我的回顧筆記也很注重這一點，架構刻意設計得特別簡單。

「回顧筆記」的製作重點

接著依序講解回顧內容的四個組成內容。各位在寫回顧筆記時，也要多多留意以下提及的要點。

①日期

記下念書的日期。

②今天學習的重點

也就是整理你今天學到的重點。

特別需要注意的是，不要一口氣寫下所有當天學到的內容。就人類的大

養成回顧的習慣
「回顧筆記」記錄重點

① 日期
② 今天學習的重點
③ 發現的事情
④ 想要深入學習的部分和問題

先習慣一天花五分鐘，記錄以上四個項目！

腦功能來說，想要一字不漏記住學過的內容，根本是天方夜譚，因為人類大腦在學習進行途中，會忘掉大部分的事情。

回顧筆記的內容，就從你念完書後還記得的資訊裡，選擇自己覺得特別重要的部分即可。將你認為重要的部分，轉換成實際的言語寫在筆記上。

那些直到動筆寫下時都還清楚記得的內容，通常也是伴隨著感受或發現、衝擊力特別強的學習經驗。

我參加完講座或讀書會後，也會透過文字記錄學習重點，例如：「構築公司體系的重點在於〇〇和〇〇。而為了達成〇〇，必須注意以下三點……」我們的大腦有個特色，在於「可藉由語言梳理想法」。回顧學習內容並實際寫下來，也能整理腦內的資訊。

別忘了我們有一次五分鐘的時間限制，所以學習重點不必整理成長篇大論。即便想寫的內容再多，最好還是不要超過三點。請過濾出最重要的事項，寫完後繼續往下進行。

③發現的事情

接著寫下你發現的事情。大多數人都不會好好整理自己在學習過程中的特殊見聞，然而我在講座授課或接受諮商時，都相當強調「發現」的概念。回顧筆記中最重要的項目，其實就是這一點。

「發現」並非單純的資訊整理。我們已經在第②項整理好今天學習的重點資訊，而這裡講的發現，是指**帶有某種感想、情緒（或是感動）等附加情感的學習內容**。

寫在②的項目，頂多是經過整理的外部資訊，而發現卻完全不同；我們接收外界的資訊後，要仔細觀察資訊在心裡產生的變化，並記錄下來。

其實「整理發現」的行為就是回顧筆記的最大特色。一般人念書頂多整理完資訊就作罷，但這樣可算不上真正的學習。止步於獲得知識的階段，其實還無法真正提高學習成效。

若想察覺到自己發現了什麼、感覺到了什麼，你需要更進一步的學習能力——關注自己內心的變化。

這種意識在腦科學上稱作「遞迴意識」，又稱為「自我意識」。遞迴意識即為反求諸己。關注自我內在而非外界與他人，覺察自己感覺到什麼、追求什麼、為什麼而煩惱、面臨什麼課題。像這樣凝視著自己內心深處的狀態，就是遞迴意識。

這是我們人類特有的高等意識狀態。平時不習慣觀察自己內心變化的人，這個步驟可能會辛苦一點，然而想要提高大腦的學習效果，除了反覆學習之外，我們同時需要「衝擊力」這項要素；而要增加衝擊力，我們需要情緒、感觸來催化。在此，我用「發現」來描述這個過程。

當你寫下自己的發現時，注意力必須轉向內心，觀察變化，而非單純整理既有資訊。

話雖如此，不習慣面對自我的人，可能會覺得這一步很難做到。

以下舉出三個有助於寫出發現的提問範例，供各位參考。當你想不到自己有什麼發現時，可以藉著這些問題思考。

問題一：我從這次的學習內容中注意到了什麼？

問題二：我對什麼樣的內容有所感觸、有所體悟？

問題三：我是否冒出了某些靈感或想法？

這些問題都可以促進你覺察自己的內心變化。試著具體寫下你注意到的內容吧。

④想要深入學習的部分和問題

回顧筆記的最後一個項目，是關於你想要深入學習的部分和問題。

寫這個項目有幾個意義。其中之一，是可以作為未來學習的備忘錄加以利用。每天念這麼多書，肯定會碰到想要了解更多的部分，或是當天無法解決的疑問。記下這些事情，當我們之後翻閱回顧筆記時，就可以確認自己「哪個部分到現在還沒搞清楚」。留下備忘筆記，學習內容會更加充實。

此外，項目④還可以催生出你下一次讀書時的動力。寫出自己想深入學習的事情，會激發自主學習的欲望。

人在學習自己有興趣的領域時最有熱忱。例如喜歡鐘錶的人，不必三催四請也會自己深入了解鐘錶的各種知識。這是最理想的學習狀態。如果能營造出「對於學習〇〇非常熱衷」的心理狀態，不用他人叮嚀，你自然會撥出念書的時間，而且人在興致高昂的狀態下，也可以想見優秀的學習表現。

為此，我們要具體寫出「想深入學習的事情」，花點心思激發學習的欲望。在回顧筆記上清楚寫下這個項目，即可提高自己隔天之後的讀書動力。

以上四點就是回顧筆記的書寫事項。

好好利用「念完書後的五分鐘」，認真思索這四個項目。相信你也可以體會到腦中資訊獲得整理的效果。

睡前時間使用方式

關於溫習回顧筆記的時機，我個人習慣在睡前翻開來看。從腦科學的角度來看，這個時間點的效果絕佳。

我們睡覺的時候，大腦會編輯、整理資訊。常聽到有人一早起來便閃過靈感，若從大腦機制來看，這也和睡眠期間編輯資訊的功能有關。平時紛亂的思緒，在睡眠期間會經過大腦整理，昇華成好點子。

所以睡前溫習回顧筆記，也能促進大腦在我們睡覺時進行高效學習。這正是所謂的「睡眠學習」。

順帶一提，聽覺型學習者若於回顧的時候朗讀筆記內容，效果會更好。朗讀可以充分發揮聽覺感官，而聽覺型活用聽覺容易促進知識內化，所以非常建議閱讀回顧筆記時念出聲來。

視覺型學習者則默默閱讀也無所謂，但特別重要的部分可以畫上底線強調。用不同顏色的筆圈畫重點，可以更快看出整理過的學習內容。對視覺型來說，創造「一目了然」的狀態是提高學習效率的關鍵。

至於觸覺型學習者，用手指著當下閱讀的部分特別有效。習慣在念書時用身體部位打特定節拍的人，閱讀回顧筆記時也可以這麼做。

我認識某個講座學員，他念書時如果右手一直繞圈會更容易冒出靈感。雖然大庭廣眾之下做出這類動作可能有些難為情，但睡前也不必顧慮這些，想怎麼動就怎麼動。在閱讀回顧筆記時，不妨多活用自己的身體。

溫習回顧筆記的時間，只要五分鐘就夠了。

另外，當你在閱讀回顧筆記時，務必準備紙筆。因為這時很有可能萌生新的想法，實際上這種事也的確經常發生。為了把握住大腦好不容易才冒出來的點子，我們讀回顧筆記時一定要習慣拿著筆。

床頭常備便利貼

如前所述，剛起床那段時間最容易閃過靈感，原因正是**大腦會在睡眠時編輯資訊**。然而靈感大多一閃即逝，等之後才想到要記也來不及了。

扮演大腦指揮台、**掌管工作記憶的前額葉，最多只能留住二十秒的記憶**。當你想要記錄乍現的靈光，匆匆忙忙跑到客廳抽出包包裡的筆記本，掏出筆來準備寫下時……那想法可能早就遠走高飛了。

為了防範這種狀況，可以在床邊準備便利貼和筆，任何時候冒出靈感都能立刻記錄下來。

不過現代數位機器發達，我想可能也有人想問：「為什麼不用智慧型手機記錄就好？」

先從結論講起。單就記錄的目的來說，使用手機或便利貼都無妨。

不過有些家長會教育孩子不要習慣帶手機進臥房。我曾於講座上碰到一名母親，就禁止家裡讀國中的小孩睡覺時帶手機進房間。當然，那位母親自己也不會將手機帶進房間。甚至也有研究結果顯示，睡前滑手機會降低睡眠品質。

考量到這些因素，我還是建議大家用便利貼來記錄。

突然冒出的靈感超重要！
床頭旁常備便利貼和筆

床邊放著便利貼和筆，任何時候靈光乍現都能馬上記錄。

利用輸出式思考，加快學習腳步

想要扎實記住學習內容，可不能忽視輸出式思考。

輸出資訊可以協助我們整理思緒，大幅促進學習內容扎根腦袋。人才培訓實務上經常提及一項觀念：「想要增進自己的學習成果，教導他人自己學習過的內容最快。」

有些企業在員工參加完研習和講座後，會利用會議時間提供他們分享（輸出）學習心得的機會；也有人會在個人部落格上記錄自己的學習內容。這些都是很好的方法。

不過為什麼安排一個輸出的場合，和他人分享自己所學，我們更能吸收學習內容？主要有幾個影響因素。

第一，重新組織學習內容。

分享學習內容前，我們會思考怎麼表達更好懂，因此需要先在腦中整理一遍想法。大腦會在整理過程取捨資訊，拼湊並理出最顯淺易懂的傳達次序，藉此重新組織學習內容。

重組學習內容，可以增進吸收效率，促使學習內容轉化為深層的長期記憶。

而且輸出行為不僅可以將學習內容轉化為長期記憶，還會串聯起單點資訊，編織成面，所以自然會促進系統化學習。

輸出之所以能促進學習的第二個原因，在於可以釐清不明白的部分。為了輸出而整理資訊時，我們經常會發現「自以為融會貫通的部分，其實根本沒搞清楚」。

自我覺察可是很重要的一件事。我認為學習的本質是「了解不了解的事情」。正因為能弄清楚自己不知道的事情，我們才能持續學習下去。也才能在碰到不夠了解的事情時，湧現深入探討的意願。知識與智慧發展得越多元，人生的格局也會越恢弘。這是學習的有趣之處，也是其本質所在。

好比我們準備某張證照考試時，一開始根本連自己的弱點都不知道。既不了解應考知識的全貌，也不清楚詳細的專業知識。

學習未知領域的新知識時，一切都得從零開始。然而隨著學習越來越深入，我們也會逐漸看出自己擅長和不擅長的領域，並意識到某些部分的理解比較粗淺。

經歷這種過程，學習速度便會突飛猛進。而其中一種有效的方式，就是多多分享所學。累積輸出的經驗，可以掌握自己哪些部分不清楚，進而針對該處加強學習，補充知識。

找到你的 OUTPUT 夥伴

加入一個有輸出機會的社團，可以達到更好的效果。

你可以自己創建這樣的社團，或是加入其他現有的社團。

自行成立社團的優點在於有辦法自由選擇發布的資訊，也容易自行舉辦讀書會或其他活動；然而缺點就是得花費大量的心力與時間來經營。所以怕麻煩的人，建議加入已經存在的社團。

加入一個與自己志趣相符的社團有很多好處。第一個好處，即是獲得第三章提過的「替代經驗」。

獲得社團同伴的替代經驗可以提高自我效能，而自我效能是動力的泉源。隸屬於某個社團，可以直接提升學習的幹勁。

孤軍奮戰絕對沒有這種效果。自己一個人學習，總會碰上寂寞難耐的時刻，開始懷疑自己照現在的方式念下去到底好不好，也很難確切掌握自己的學習進展。這時若隸屬於某個社團，就可以跟其他成員共享資訊，相互切磋。

第二個好處，是「可以扮演彼此的指導者」。

成員之間相互指導，也是社團為我們帶來的一大益處。當你迷惘時，可以向其他社團夥伴尋求建議。光是能徵詢意見，就足以令人安心。

而比尋求建議更大的好處，是你可以化身為其他人的指導者，陪他人討論，加深自己對於學習內容的理解。

為了輸出而重新組織資訊的時候，學習內容的吸收效果最好；加入社團也等於獲得了重新組織資訊的機會。

如果身邊沒有其他與自己目標相同的朋友，請善用網路社群的力量。就算沒有機會直接見面，加入相關社團還是能獲得許多資訊。

而如果是家有國小、國中生的家庭，不妨由父母提供他們分享學習內容的機會，這也是一項不錯的學習方法。家庭是世上最小單位的社團，同時也是提供安全感的場所。家長撥出時間扮演孩子輸出資訊的對象，孩子也會樂於分享。在分享的過程中，大腦自然會重新組織資訊。

修正時程表

回顧學習進度時，千萬別忘了修正時程表。

若在學前準備階段確實制定了時程表，請於學習結束後回過頭來審視並調整。

具體的修正情形大致可分成四種。

修正模式①：一切照計畫進行，結果亦良好

第一個模式，是你確實照著計畫學習，成果也不賴的情況。你可能覺得這樣沒有什麼好修正的，但還是有其他事情要做。

當學習順利跟著計畫走，成果也很好的時候，你要問自己：「為什麼會進行得這麼順利？」分析成功的原因也很重要。我們可以藉此確實了解自己成功的竅門。你所掌握的成功訣竅，會成為重要的資產。

採條列式紀錄也無妨，總之清楚寫下成功原因就對了。一旦熟悉成功的要領，未來就能輕鬆複製。有辦法維持相同水準的表現，自然能經常斬獲良好成果。

修正模式②：一切照計畫進行，結果卻不如預期

第二個模式是你雖然照著計畫讀書，成效卻不佳。這種情況，得重新審視計畫，並且建構一個新版本。但如果胡亂修改計畫，難保之後不會重蹈覆轍。所以我們需要一個依循的基準。

當你陷入這種模式時，我建議「尋求前輩或學習夥伴的建議」。落入模式②時，單憑自己腦海中擬定的修正計畫，未來還是很容易栽在同一個地方。

你在制定計畫時肯定也不覺得有問題，但實際上計畫卻沒有帶來應有的效果。這就代表你腦中具備的知識，恐怕還不足以制定出更完善的計畫。

這種時候就別想著自己解決所有問題，還是向前輩或社團內的學習夥伴徵詢意見吧。如果身邊找不到可以徵詢意見的人，上網查詢或看書蒐集資訊也是個不錯的辦法。

獨自煩惱只會走入看不到出口的迷宮，各位一定要記得積極尋求他人的協助。

修正模式③：沒有照著計畫進行，結果卻良好

接下來則是沒有照著計畫進行，結果卻還不賴的狀況。這並不常見，但有人這麼歪打正著時可能會認為：「雖然沒有照著計畫走，反正結果好就好了。」萬萬不可有這種想法。

這種模式最恐怖的地方在於不容易複製，而且很難預估成果。搞不好這次的成功只是湊巧，沒人可以保證下次同樣順利。所以我們要找出計畫沒有如期進行的原因，並擬定今後的對策。

根據我個人的經驗，造成這種情況的主要原因有二。

一是時間不夠。如果是這個原因，則必須重新排定一個有預留緩衝時間的計畫，避免時程擠得密不透風。

另外一個原因我們已經於第三章提過，就是學前準備不夠充分。

這種人有可能只關注讀書當下的方法。為了盡可能提升讀書時的表現，請做好扎實的學前準備。

修正模式④：沒有照著計畫進行，也沒有得到什麼結果

最後則是既沒照著計畫進行，也一無所獲的情形。

如果碰到這種情況，必須從頭擬定學習計畫。請再次詳讀本書第二章後，重新制定時程表。

不妨參考本書提供的時程表規畫建議，並且記得留給自己重新制定計畫的時間。

以上就是四種時程表的實施情況與修正方法。

此外，也經常有人問我：「該在什麼時候修正時程表？」我認為，修正時程表最理想的時機，是每次念完書之後。

但以現實來說，已經出社會的讀者，恐怕撥不出這麼多時間。所以我建議大家「利用周末的時間修正時程表」。

這麼一來，平時忙碌的商務人士也能靜下心來修正時程表，仔細推敲往後的計畫。請各位務必參考這種做法。

修正調整，進一步提高學習效果！
4 種需要修正時程表的狀況

狀況	應對方式
計畫……○ 結果……○	歸納成功的訣竅，提高重新複製的可能。
計畫……○ 結果……×	效法學習上的前輩或夥伴。
計畫……× 結果……○	・重新製作一份有預留緩衝時間的時程表。 ・做好學前準備。
計畫……× 結果……×	・重讀本書第 2 章之後，再次排定計畫。

全球最幸福的國度丹麥教會我的事

前面我們聊了許多最大限度發揮腦力、盡可能提高學習成效的竅門。學會本書闡述的方法並加以實踐，相信你在學習上可以獲得比以往高出數倍的效果。而各位能利用本書的技術追求自我實現，對我來說也是一件很值得高興的事。

本章最後，我想跟各位分享一些故事。

我於二〇一七年十月前往世界號稱最幸福國家的丹麥進行視察時，獲得了一些啟發。當時我的視察主題之一，恰好是「教育」。

我所服務的腦科學諮詢公司也有提供人才教育服務，所以希望能了解丹麥的教育系統，進而理解為什麼丹麥的生產效率可以比日本高上這麼多。

我和許多經營者談話時，都可以感覺到他們對於日本的教育現況憂心忡忡。報紙和新聞上也經常出現批判日本教育體系的聲音。然而我一直對這個現象存疑。

日本的教育真的沒一點好嗎？和世界比較起來，日本真的相形見絀嗎？大多數人比起正面的資訊，更偏愛負面的資訊。例如公司茶水間議論紛紛的話題，往往也是名人醜聞或企業違法情事等負面的消息。因為充滿負面話題性的新聞，可以引起更多觀眾的興趣。

媒體深知這種大眾心理特徵，所以會發布較多負面消息，對大眾進行宣教（某種程度上，這可說是「國家級洗腦」）。

處理教育方面的消息時也一樣，許多大眾媒體會藉著批判日本教育的不是，吸引閱聽人的注意。然而再怎麼謾罵，也不會帶來新的想法。

以提議取代批評——這是我面對工作的座右銘。

我始終認為，要做到這件事情必須放眼世界，觀點不能只局限於日本。

二〇一七年十月，剛好接到了丹麥視察團的邀請。這個機緣來得正是時候，我毫不猶豫，決定參加為期一周的視察團。

視察行程的每一天都帶給我不少刺激，回國後我也藉著各種機會分享自己在丹麥學到的事情。這個行為正是本書提到的輸出式思考。

補充一項資訊，二〇一五年丹麥的人均產值位居世界第九，而日本則是世界第二十六名。如果換成具體的數字，計算過後可以知道丹麥的人均產值是日本的一五五%。而根據聯合國統計的「全球幸福報告」，丹麥於二〇一三、二〇一四、二〇一六年都拿下榜首；日本則年年落在五十名前後。單就這個數字來比較，也可以看出日本跟丹麥之間有多大的差距。

確實如果只看帳面上的數字，會覺得丹麥是一座遠比日本美好的國度。但事實上絕非如此。我們不需要因為跟別國比較而自嘆弗如，日本有許多屬於自己的美好成就——經過那次的視察，我可以如此斷言。而且我也受到啟迪，掌握了日本未來教育發展的大方向。

簡而言之，我們要「改變填鴨式教育，發展創造力教育」。

本章最後，我想要分享我在丹麥感觸至深的所見所聞。

理想的未來教育

丹麥行程第一天前往的地方是「森林幼稚園」。

森林幼稚園是丹麥一九五二年發起的一種幼兒教育型態，孩子滿二歲八個月起至六歲開始，在接受義務教育前皆可入園。

我在參觀森林幼稚園時，首先感到驚訝的是他們並沒有規畫課程時間。由於沒有畫分課堂時間，孩子可以在森林中玩上一整天，並從遊戲中學習。這就是他們的教育方針。

近年來，日本開始關注這種別具一格的教育型態，也積極舉辦各種活動，推廣森林幼稚園的概念。而丹麥貴為發源地，據說全國共有約五百間營運中的森林幼稚園。

簡單來說，森林幼稚園裡只做一件事情：「在大自然裡盡情玩耍」。

有別於日本會規定孩子在什麼時間念國語、什麼時間學音樂、數學等科目，他們完全任由孩子在大自然中好好玩樂。

我和許多視察人員是第一次來到森林幼稚園，看到和日本如此迥異的幼稚園教育風格，都受到強烈的文化衝擊。

更令人驚訝的是，明明沒有規畫任何課程時間，丹麥十五年前左右的一項調查卻指出，森林幼稚園的畢業生，大多比一般幼稚園畢業生擁有更高的專注力。

比照日本主要採取的填鴨式教育型態，兩者之間的差異不言而喻。

而從經濟方面來看，森林幼稚園的構造也很有效益。監護人需負擔的費用每個月相當於四・二萬日圓，會用來支付托育人員的薪資等營運成本。但由於監護人可以拿到國家提供的育兒津貼，所以實際加加減減下來，家長幾乎不需要負擔任何費用。

好處不光是這樣。

為支付托育人員的薪資，各地方政府還需負擔監護人支付金額的三倍費用。因此丹麥托育人員的起薪高得超乎想像。

我聽一名實際在森林幼稚園工作的女性托育人員說，他的起薪換算下來

「大約有五十萬日圓」。這個數字是日本的兩倍多。

雖然丹麥課稅很重，幾乎一半的薪資都得上繳國庫，不過人民的稅金也轉換成社會福利，確實在社會上循環，所以國民普遍沒有異議。

而且丹麥也沒有排不到幼稚園的問題，人人都有學校讀。

森林幼稚園教會我許多事情，而我確信這些收穫可以應用在各國教育的前線，也可以為現代企業活動帶來啟發。

短時間創造高績效的祕密

前面說過，丹麥每人的平均產值是日本的一五五％。此外更規定一周的勞動時間不得超過三十七小時。換成日本，包含加班時間在內，據說平均勞動時間大概有六十小時，將近是丹麥的兩倍。從數字上就可以看出丹麥的工作效率有多驚人。

為什麼短短一周三十七小時的勞動時間，有辦法發揮遠高於日本人的產能呢？在我前往丹麥之前，這個疑問始終在我腦海揮之不去。而我經過丹麥的視察經驗，篤定其中一個答案的提示，可以在森林幼稚園裡找到。

這個提示就是「團結力孕育創造力」。

孩子在森林幼稚園裡盡情玩耍的過程中，會自然培育出「團體行動」的素養。

孩子會覺得「和其他小朋友一起玩比較開心」，於是漸漸培養出團體活動、團結合作的心態。

我參觀的森林幼稚園裡，所有孩子也都是群體遊戲，沒人落單。

剛才也提過，森林幼稚園裡沒有畫分課程時間。因此托育人員的職責不在於「教導」，而是「看顧」。

在托育人員的看顧之下，孩子可以自由創造遊戲的玩法。思考如何讓大家玩得開心的過程，便會和其他孩子通力合作。

雖然年紀太小的孩子可能會為了優先滿足自己的欲望，和其他孩子吵架，不過這種時候老師也幾乎不會介入，因為幼兒之間吵架時，會有年長的孩子出面調解。年長的孩子會聽取兩邊的理由，並提出雙方都能開心的最佳玩法。

而看著這些哥哥姐姐長大的孩子，換他們當哥哥姐姐時，自然也會照顧更年幼的弟弟妹妹。

孩子比我們以為的更有主見，玩遊戲時也很有想法。他們身上蘊藏的可能性，遠比我們想像的多更多。如果強迫他們遵從老師規畫的死板課表，恐怕就無法發揮這般創造力了。

或許有人會擔心：「老師只負責站在一旁看，不會有危險嗎？」其實不必太過操心。當時參觀的森林幼稚園表示，開業十二年以來，從沒發生過嚴重到需要呼叫救護車的意外。

老師介入，說好聽一點是「為了安全著想」，但也有可能阻礙孩子發展創造力。

這樣的教育方針，其實不止落實於森林幼稚園。

參觀完森林幼稚園後，下午的行程來到當地的義務教育學校（六歲～十五歲）。該校學生也是以團隊為單位進行專題活動，校內處處都可以看見供學生做事的空間。

從這裡也能窺見丹麥的教育理念，始終貫徹「團結力孕育創造力」的原則。

提升績效的三個方針

現在日本有許多企業也將「組成團隊，提升產能」視為一項課題。尤其對人資面、資金面都十分有限的中小企業來說，更需要這個概念。

然而真正體現這個想法的企業，卻是少之又少。我認為主要是因為沒有提出「具體的方針」，導致團隊合作淪為空洞口號。少了可以依循的具體標準，當然無從得知該如何以團隊為單位進行工作。

經過視察，我深深體會到經營者和管理方必須為此負責。

為了成功藉由團隊合作提高工作效能，我將丹麥教會我的事情整理成以下三大方針，並公布於自家公司內部，也分享給客戶企業。

①增加對話的機會
②互相了解彼此的習慣、特色、工作模式
③組成團隊時要意識到各自的職責

執行的步驟是由①到③。

首先要增加大量對話的機會，也就是安排工作之外的意見交流場合，有助於理解彼此的想法、思考模式還有個人的強項與弱項。

接著設法讓員工意識到自己最適合的位置，設計出人人適得其所的團隊。說起來簡單，實行起來相當不容易。

很多時候我們以為自己已經充分了解對方，但其實只理解了表面的行為舉止。而這種誤解，會大幅拉低團隊表現。

然而我決定正視這項課題，透過PDCA循環（計畫〔plan〕、執行〔do〕、查核〔check〕、行動〔act〕）實踐丹麥視察的收穫，並逐步改善。

我認為，改善日本教育，推動日本企業起飛的關鍵提示，就是「團隊力」。

本書一再強調社群的重要性，而當我越了解國外的教育情況，這個想法也越強烈。

現代數位科技發達，與十年前相比，人們更容易與他人取得聯繫。但我也感覺到矛盾，因為人與人之間的連結變得比以前薄弱，有越來越多人反而因此飽受孤獨感折磨。

無論是念書還是工作，有時候獨處的世界確實很美好。可是同樣美好、甚至更棒的世界也在等著你。那就是和志同道合的人組成團隊，同心協力追求目標的世界。

期待未來有機會，與讀者分享我實踐團隊力所獲得的啟發及收穫。

Notes

結語

讓日常學習，成為扭轉未來的鑰匙

本書談論的「學習法」，是你我習以為常的行為。

但就是因為太過理所當然，所以我們鮮少意識到學習有多重要，多彌足珍貴，平時也不會認真思考這件事情。

人類的能力或技術優劣，並非取決於天分的高低；天賦也無法決定人生。任何人只要懂得有效的學習方法並加以實踐，都可以急速成長。

幫助我們改變今後人生的「學習」行為，正是上天賦予人類的最大禮物。

如果本書有助於你體會到學習的樂趣，甚至找到開發自我潛力的契機，身為作者，實屬榮幸。

本作絕非憑我一己之力而成書。執筆過程，承蒙許多人的協助。

首先是敝公司董事長，同時也是一百八十度改變了我生命的人生導師，石川大雅先生。請收下我由衷的感激。若沒遇見石川董事長，這本書恐怕不會有出現的一天。才乃師母也於各方面給予支持，我對兩人實在感激不盡。

而因為出版本書結識的諸位 Forest 出版相關人員，感謝你們在如此緊湊的檔期下，仍予以我強而有力的輔助，甚至陪我編改稿子到深夜。如此可靠的支援，實在令人難以忘懷。

一路上相逢的客戶和學員，也在書中的許多地方幫了我一把。除了我在諮詢工作和講座的親身經歷之外，多虧諸位提供實例，本書得以更加言之有物。

我也要感謝總是鼓勵我的父母。能生為你們的孩子，我真的很幸福。我堅信你們賜予的這份生命，拿來回饋給社會才是最棒的報恩。

除此之外，本書還受到許多人的協助。礙於篇幅限制，請容我在此一併致上感謝之意。

而最感恩的，莫過於各位讀者。

我打從心底謝謝你讀到最後。未來動盪的時代，等待我們的將是一連串的學習。

身處這般世界趨勢之下，你會拿起本書肯定代表了某種意義。

期許你我學而不殆，蛻變成長，並於未來的某一天相遇。

Unique 系列列 059

大腦最適學習法：

日本腦科學權威教你用視覺 × 聽覺 × 觸覺，激發高效潛能

自分の脳に合った勉強法

作　　者　小沼勢矢
譯　　者　沈俊傑
責任編輯　李韻
副總編輯　鍾宜君
行銷經理　胡弘一
行銷企畫　林律涵
封面設計　張巖
內文排版　薛美惠
校　　對　蔡緯蓉

發 行 人　梁永煌
社　　長　謝春滿
副總經理　吳幸芳
副 總 監　陳姵蒨

出 版 者　今周刊出版社股份有限公司
地　　址　台北市中山區南京東路一段 96 號 8 樓
電　　話　886-2-2581-6196
傳　　真　886-2-2531-6438
讀者專線　886-2-2581-6196 轉 1
劃撥帳號　19865054
戶　　名　今周刊出版社股份有限公司
網　　址　www.businesstoday.com.tw

總 經 銷　大和書報股份有限公司
製版印刷　緯峰印刷股份有限公司
初版一刷　2022 年 1 月
定　　價　340 元

國家圖書館出版品預行編目 (CIP) 資料

大腦最適學習法：日本腦科學權威教你用視覺 X 聽覺 X 觸覺，激發高效潛能 / 小沼勢矢作；沈俊傑譯 . -- 初版 . -- 臺北市：今周刊出版社股份有限公司，2022.01

224 面；14.8×21 公分 . --（Unique 系列；59）

譯自：自分の脳に合った勉強法

ISBN 978-626-7014-35-6（平裝）

1.CST: 學習方法

521.1 110021089